Riley Banks-Snyder mit Lisa Velthouse
Das Mädchen, das Träume schenkt
Die wunderbare Geschichte der Riley Banks

RILEY BANKS-SNYDER
mit Lisa Velthouse

Das Mädchen, das Träume schenkt

Die wunderbare Geschichte der Riley Banks

Aus dem amerikanischen Englisch
von Doris C. Leisering

SCM

Stiftung Christliche Medien

Der SCM Verlag ist eine Gesellschaft der Stiftung Christliche Medien, einer gemeinnützigen Stiftung, die sich für die Förderung und Verbreitung christlicher Bücher, Zeitschriften, Filme und Musik einsetzt.

© der deutschen Ausgabe 2017
SCM-Verlag GmbH & Co. KG · Max-Eyth-Straße 41 · 71088 Holzgerlingen
Internet: www.scm-verlag.de; E-Mail: info@scm-verlag.de

Originally published in English under the title: Riley Unlikely
Copyright © 2016 by Riley Banks-Synder
Published by arrangement with The Zondervan Corporation L.L.C., a subsidiary of HarperCollins Christian Publishing, Inc.

Die Bibelverse sind, wenn nicht anders angegeben,
folgender Ausgabe entnommen:
Neues Leben. Die Bibel, © der deutschen Ausgabe 2002 und 2006
SCM-Verlag GmbH & Co. KG, Witten.

Übersetzung: Doris Leisering
Umschlaggestaltung: Sophia Wald
Titelbild: Coverfoto: Tracy Banks; Autorinnenbild: Shann Swift
Satz: typoscript GmbH, Walddorfhäslach
Druck und Bindung: GGP Media GmbH, Pößneck
Gedruckt in Deutschland
ISBN 978-3-7751-5795-7
Bestell-Nr. 395.795

Inhalt

PROLOG		Eine unwahrscheinliche Liebesgeschichte ...	9
KAPITEL	1	Offene Türen und Opfer	13
KAPITEL	2	Viele helfende Hände	20
KAPITEL	3	Kulturschock	23
KAPITEL	4	Babys in Plastikkisten	29
KAPITEL	5	Mosop	39
KAPITEL	6	Ein Bleistiftstummel	45
KAPITEL	7	»Generation Next«	52
KAPITEL	8	Operation Teenager	56
KAPITEL	9	Kleine Kinder, große Gaben	60
KAPITEL	10	Kindermissionare	64
KAPITEL	11	Mumo	69
KAPITEL	12	Von Westen nach Osten	74
KAPITEL	13	Die Sache mit den Boda-Bodas	80
KAPITEL	14	Schule mit Hindernissen	89
KAPITEL	15	Unterschiedlich und doch gleich	94
KAPITEL	16	Dringend benötigt	101
KAPITEL	17	Von allem ein wenig	107
KAPITEL	18	Großzügigkeit	113

KAPITEL 19	Mit einem Augenzwinkern	116
KAPITEL 20	Heilung und Hoffnung	123
KAPITEL 21	Die Einweihung	128
KAPITEL 22	Etwas fehlt	138
KAPITEL 23	Aus den Fugen	144
KAPITEL 24	Zukunft und Hoffnung	149
KAPITEL 25	Eine neue Richtung	153
KAPITEL 26	Aus heiterem Himmel	157
KAPITEL 27	Auf dem Wasser gehen	160
KAPITEL 28	Zerschlagene Träume	164
KAPITEL 29	Verteilaktion mit gemischten Gefühlen	171
KAPITEL 30	Wurzeln für die Zukunft	179
Dank		184

*Diese Geschichte ist für den, der sie zuerst geschrieben hat.
Er hat seine Liebe in mein Herz geschrieben,
und ich erzähle mit Freude davon,
was für ein liebevoller und leidenschaftlicher Vater er ist.*

*Und diese Geschichte ist für Sie.
Ich bete dafür, dass Gott Ihnen mit diesem Buch zeigt,
welche Liebe er auch in Ihr Herz schreibt
und welche Geschichte er in Ihrem Leben erzählt.*

PROLOG
Eine unwahrscheinliche Liebesgeschichte

Wenn mir in den letzten sieben Jahren irgendetwas klar geworden ist, dann ist es die Verbindung zwischen Liebe und Wahnsinn. So wurde ich im Alter von 14 Jahren Vorsitzende einer gemeinnützigen Organisation, und so landete ich noch vor meinem 21. Geburtstag auf der anderen Seite der Welt. Liebe treibt einen zu verrückten Dingen. Zum Beispiel dazu, Missionarin in Ostafrika zu werden, während man eigentlich noch in der Oberschule ist, und monatelang fernab eines normalen Teenager-Alltags zu leben. Oder dazu, sich so in fremde Kinder zu verlieben, dass man sie so lieb wie eigene gewinnt. Liebe kann den gesamten Kurs des eigenen Lebens verändern.

Ehrlich gesagt waren Kenia und ich alles andere als ein Traumpaar. Jemand, der sowohl Kenia als auch mich nur ein bisschen kennt, sieht sofort, dass wir nicht zusammenpassen. Wenn es nach mir ginge, würde mich niemand bemerken – in keiner Menschenansammlung, nirgendwo auf der Welt, niemals. Keine Frage. In Kenia machen es mir meine Erziehung, meine Hautfarbe und meine Nationalität fast unmöglich, *nicht* aufzufallen. Ich bin wahrscheinlich einer der schüchternsten Menschen überhaupt und habe eine – in meinen Augen gesunde – Abneigung dagegen, in der Öffentlichkeit zu sprechen. Im ländlichen Kenia aber sammelt sich, nur weil ich weiß bin, fast überall eine größere Gruppe um mich, und ich werde gebeten, aus dem Stegreif eine Rede oder einen Vortrag zu halten. Und jedes Mal, wenn ich in ein Flugzeug steigen muss, werde ich unruhig. Das Leben an einem Ort, an dem ich durch einen Ozean von meiner Familie und meiner Heimatstadt getrennt bin, ist eine große Herausforderung für mich. Außerdem spreche ich nur so viel Suaheli, wie in *Der König der Löwen* vorkommt, und ich hasse es, unter einem Moskitonetz zu schlafen.

Es ist etwas verrückt für ein zwölfjähriges amerikanisches Mädchen, eine Reise nach Afrika zu planen. Es ist recht außergewöhnlich, dass amerikanische Kleinstadteltern einen solchen Plan rückhaltlos unterstützen. Und es ist außergewöhnlich verrückt, zu sehen, wie ein kleiner Plan zu etwas heranwächst, das man sich nie hätte träumen lassen: sieben Jahre lang Reisen nach Übersee, die Vollzeitarbeit für eine gemeinnützige Organisation, Missionsarbeit auf zwei Kontinenten und eine zuvor nicht absehbare Lebensplanung.

Als Kind träumte ich immer davon, in einem großen weißen Haus voller Kinder zu wohnen, mit einem hübschen grünen Garten und einem weißen Gartenzaun drum herum. Heute träume ich nur noch von meinem schönen Haus in Kenia mit seinen beige-braunen Lehmwänden. Vor dem Zaun steht ein Wachtposten zu unserem Schutz. Der Hof aus festgetrampelter Erde ist voller staubiger, kichernder braungesichtiger kenianischer Kinder, die alle nach der hellhäutigen, braunhaarigen jungen Frau mit dem strahlenden Lächeln »Mama! Mama!« rufen.

Als all das begann, hätte ich nie gedacht, dass meine Familie und ich je da landen würden, wo wir heute sind, und das tun würden, was wir tun. Doch offenbar zeigt Gott auch gern einmal seine ungestüme

Seite. Ich bin nur dankbar, dass Gott sie in dieser Geschichte nicht sofort in ihrem ganzen Umfang gezeigt hat. Stattdessen hat er alles Stück für Stück entfaltet. Bei jedem kleinen Schritt auf dem Weg wusste er genau, wie er seinen Plan voranbringt, ohne mich völlig abzuschrecken. Manchmal tat er das, indem er aus scheinbar zufälligen Begegnungen wichtige Beziehungen entstehen ließ. Manchmal sorgte er für Ressourcen, schon lange bevor ich wissen konnte, dass ich sie brauchen würde. Und oft begann er, meinen Kurs zu ändern, lange bevor ich begriff, dass eine Veränderung im Anzug war.

Diese Geschichte kann ich Ihnen vielleicht am besten erklären, indem ich Ihnen das darin immer wiederkehrende Muster zeige. Jahr für Jahr sah ich Nöte, die scheinbar niemand lindern konnte, und Jahr für Jahr durfte ich sehen, wie Gott sie linderte. Oft hatte ich das Gefühl, dass er seine Lösung mit einem Augenzwinkern und einem Lächeln präsentierte, und deshalb sind wir so dankbar für seine Wunder. Und mehr als einmal hat er meine Lebenspläne auf den Kopf gestellt und mir gezeigt, dass er mein schmerzendes Herz auf eine Art und Weise füllen kann, die jenseits meiner Vorstellungskraft liegt. Wenn ich auch nur einen kleinen Blick auf den Plan hätte werfen können, den Gott für mich, für uns und für Kenia bereithielt, hätte ich wahrscheinlich nicht geglaubt, was ich gesehen hätte. Wahrscheinlich wäre er mir zu riesig, zu kompliziert und zu meisterhaft vorgekommen. Und wahrscheinlich hätte ich mich für zu jung, zu still, zu durchschnittlich oder zu unerfahren gehalten, um an diesem Plan beteiligt zu sein.

Wie also hat sich mein Leben so drastisch verändert? Auf diese Frage habe ich eine lange Antwort. Alles begann mit einer Frage, und dann einer Reise, und dann einem Bleistiftstummel. Ich glaube, ich hätte es damals nicht beschreiben können, doch heute weiß ich, dass Gott durch Kenias Kinder mein Herz veränderte. Am Anfang wusste ich nur, dass ich helfen wollte. Helfen musste. Und mit dem Blick auf diese Kinder veränderte sich mein Blick auf mich selbst: Sie hatten, was mir fehlte, und ich hatte, was sie brauchten. Ich hätte am liebsten ihre Stärke in mich aufgesaugt und in ihrer inneren Zufriedenheit geschwelgt. Ich wollte einfache Freuden so zu schätzen wissen wie sie. Und obwohl ich mich nie als materiell reich betrachtet hatte, konnte ich durch ihre Augen erkennen, dass ich es bin.

Dies ist die Geschichte, wie Gott ein 13-jähriges Mädchen nahm und es zu einer 21-jährigen Missionarin machte. Es ist die Geschichte, wie er scheinbar nicht zusammenpassende Teile nahm und sie genial zusammenfügte. Es ist die Geschichte, wie Gott unser Leben veränderte und unsere Träume radikal umkrempelte. Die ganze Zeit über hat er mich für Kenias Kinder und Kenias Kinder für mich maßgeschneidert und eine perfekte Verbindung in eine unwahrscheinliche Liebesgeschichte münden lassen.

KAPITEL 1
Offene Türen und Opfer

Als ich am 16. März 2010 aufwachte, hatte ich Schmetterlinge im Bauch und Hummeln im Hintern. Ich war nervös und aufgeregt, denn mich erwartete ein Abenteuer. Lange vor meinem Vater war ich angezogen und bereit zur Abfahrt. Wahrscheinlich sah ich aus wie ein junger Hund, der mit der Leine im Maul an der Tür sitzt. Nur hatte ich statt der Leine lauter Koffer, die um mich herumstanden und zum Bersten mit nagelneuem Spielzeug gefüllt waren, das nur darauf wartete, dass man mit ihm spielt.

Heute würde ich mein Land verlassen und auf eine einmalige Reise gehen. Ich war gerade ein Teenager geworden, und seit einer ganzen Weile hatte ich große Träume.

Im Jahr zuvor hatte ich erfahren, dass meine Tante, mein Onkel und mein kleiner Cousin nach Kenia ziehen wollten. Mein Onkel Logan, der jüngere Bruder meines Vaters, und meine Tante Julie hatten schon eine Zeit lang darüber nachgedacht, einen Kurzzeit-Missionseinsatz zu machen, und sich daher nach Posten umgehört, die für sie als Familie passend sein könnten. Vor allem hatten sie eine Stelle gesucht, wo sie sich beide mit ihren Fähigkeiten einsetzen konnten und wo Onkel Logans Ausbildung als Allgemeinmediziner gebraucht wurde.

Kurz nach der Geburt des kleinen Liam fanden sie eine Stelle: Tenwek, ein Missionskrankenhaus in einem Dorf namens Bomet in Westkenia. Tenwek war 80 Jahre zuvor als Ort gegründet worden, an dem Gottes Liebe durch erschwingliche – oft kostenlose – medizinische Versorgung in der Region sichtbar werden sollte. Anfangs wurden dort Babys geboren, Medikamente ausgegeben und eine allgemeine medizinische Versorgung geleistet. Heute ist Tenwek ein ganzer Klinikkomplex, wo man alles findet, angefangen bei Zahnmedizin und einem einfachen Labor über Gynäkologie und Geburtshilfe bis hin zu Chirurgie und Notfallmedizin. Außerdem sind eine staatlich anerkannte Krankenpflegeschule angeschlossen und ein Ausbildungsprogramm für Assistenzärzte etabliert worden.

Das Krankenhaus ist hauptsächlich auf den kontinuierlichen Einsatz von medizinisch ausgebildeten christlichen Missionaren angewiesen – Ärzte, Krankenpfleger und -schwestern, Laboranten und andere. Viele von ihnen ziehen mit ihrer ganzen Familie für mehrere Monate oder sogar noch länger nach Kenia. Sie wohnen am Fuß des Hügels, auf dem der Krankenhauskomplex steht, und geben in Vollzeit ihre Fähigkeiten und ihr Fachwissen weiter – ohne Bezahlung. Ein weiterer wichtiger Bestandteil der Mission von Tenwek sind die Familienangehörigen. Viele von ihnen übernehmen Verwaltungs- und Hilfsarbeiten im Krankenhaus, doch vor allem *leben* sie einfach in der Dorfgemeinschaft von Bomet. Bei ihren täglichen Begegnungen können sie mit den Menschen in Berührung kommen und ihnen Gottes Liebe zeigen.

Tenwek passte auf die Kriterien, nach denen Onkel Logan und Tante Julie Ausschau hielten. Diese wunderbare Gelegenheit erforderte enormen Einsatz, und meine Tante und mein Onkel waren bereit, die Herausforderung anzunehmen. In wenigen Monaten würden sie nach Wichita/Kansas abreisen und dort eine sechsmonatige Schulung absolvieren, und dann würden sie nach Afrika gehen!

Es war eine aufregende Zeit für uns als Familie. Wir freuten uns sehr für Logan und Julie und waren gespannt, was Gott an ihnen und durch sie tun würde. Viele von uns lernten wissenswerte Kleinigkeiten über Ostafrika, um mehr über den Ort zu erfahren, an dem sie leben und dienen würden. Auch ich begann, mich damit zu beschäftigen. Ich ging auf die Homepage von Tenwek und klickte mich durch Online-Fotoalben der Gegend. Ich las nach, was eine kenianische Familie im Durchschnitt verdiente, und versuchte herauszufinden, wie im Vergleich dazu die Situation in den Vereinigten Staaten war. Ich suchte nach Geschichten über ostafrikanische Kinder und ihre Schulen und wollte verstehen, wie das Leben für andere Kinder in dieser Region aussah.

Von links nach rechts: Papa, ich, Tante Julie und Onkel Logan Banks

Logans und Julies Plan, in Afrika zu leben und zu arbeiten, faszinierte mich. Der Gedanke, dass eine junge Familie alles zusammenpacken und in ein anderes Land ziehen konnte, einfach um anderen zu dienen und sie mit Jesus bekannt zu machen, war für mich eine Offenbarung, obwohl ich in einer christlichen Familie und einer Gemeinde aufgewachsen war. (Offenbar war so etwas bisher jenseits meiner Vorstellungskraft.) Aber ich verstand es nun doch – besser spät als gar nicht – und war sehr fasziniert von dem, was mein Onkel und meine Tante auf der anderen Seite des Globus tun würden. Am Ende brachten mich alle meine Recherchen auf eine verrückte Idee: Ich wollte das alles einmal selbst sehen.

Genau genommen entstand mein Wunsch sowohl aus unserer Familiensituation heraus als auch aus meinem Interesse an Mission – vielleicht je zur Hälfte. Jedenfalls fand ich es ziemlich praktisch, dass ich in Kenia beides miteinander verbinden konnte. Wenn ein Besuch bei meinen Verwandten bedeutete, dass ich die Gelegenheit bekam, ein klein wenig Missionsarbeit zu leisten, warum sollte ich dann nicht gehen? Und wenn die Missionsarbeit mir Gelegenheit dazu gab, Seite an Seite mit meiner Familie zu arbeiten, was könnte besser sein?

Doch es gab ein ganz offenkundiges Problem: Wenn man zwölf Jahre alt ist, spielt es keine Rolle, ob man unbedingt eine Reise auf einen anderen Kontinent machen will – es sei denn, man hat die Erlaubnis dazu.

Das Folgende wird Ihnen wahrscheinlich viel über meine Familie sagen:

Als ich das erste Mal um die Erlaubnis bat, nach Afrika gehen zu dürfen, fand ich nicht, dass dazu ein besonders großer Aufwand nötig war wie zum Beispiel eine ernsthafte Diskussion oder auch nur die Anwesenheit beider Elternteile. Ich war eines Tages mit meiner Mutter im Auto unterwegs, wir machten unsere Erledigungen, und ich sprach einfach das Thema an: »Mama, wenn Onkel Logan und Tante Julie in Kenia sind, darf ich sie dann besuchen und ihnen helfen?«

Meine Mutter bekam große Augen und ihre Augenbrauen wanderten in Richtung Haaransatz. Sie schwieg eine Weile, und als sie endlich antwortete, merkte ich, dass sie ihre Worte sehr vorsichtig wählte. Sie waren lang gezogen und sorgfältig artikuliert. »Ich sehe keinen Grund ... weshalb du ... *nicht* gehen solltest.«

Und wenn Sie weiterlesen, wird Ihnen das Nächste wahrscheinlich eine Menge über mich sagen:

Ich fasste die Worte meiner Mutter als Erlaubnis auf.

Als wir abends wieder zu Hause waren, konnte ich es kaum erwarten, meinen Vater aufzuklären. Ich wusste, wenn ich nach Afrika wollte, brauchte ich einen von beiden Elternteilen als »Babysitter«, und ich dachte mir, dass ich mit meinem Vater wahrscheinlich die besseren Chancen hätte. Auch ihn faszinierte Logans und Julies Abenteuer, seit er das erste Mal davon gehört hatte. So hoffte ich, dass er bereit wäre, mich bei allen potenziellen Möglichkeiten, seinem Bruder zu helfen, in die Gleichung einzubauen.

Also fragte ich ihn, und er sagte Ja. *Ja!*

An jenem Abend, während meine beiden jüngeren Brüder im Haus herumtobten und Videospiele spielten, saßen meine Eltern und ich im Wohnzimmer und sprachen über die Reise. Keiner von uns hatte schon einmal eine solche Reise unternommen, wie wir sie vorhatten, und wir hatten viele Fragen.

Wie teuer würde die Reise werden?

Wie sollten wir die Flüge, Passgebühren und andere Reisekosten decken?

Wären wir sicher auf der Reise?

Wann wäre eine gute Zeit zum Reisen?

Was würden wir dort tun, wenn wir diese Reise tatsächlich unternähmen?

Anhand dieser Fragen recherchierten wir weiter. Zunächst sprachen wir mit Logan und Julie über die Möglichkeit, dort ehrenamtlich zu helfen, über Reisedetails, die Unterbringung und darüber, ob mein Alter vielleicht Probleme aufwerfen könnte. Alle ihre Antworten waren ermutigend. Es gab jede Menge zu tun und viele Möglichkeiten zu helfen, sagten sie. Außerdem konnten sie uns helfen, uns in Kenia zurechtzufinden, und wir konnten bei ihnen wohnen. Je mehr wird darüber redeten, nachdachten und beteten, umso mehr stieg unsere Begeisterung. Es kam uns nie so vor, als würde Gott uns Türen verschließen; stattdessen ließ er sie weit aufschwingen. Wir entwarfen, einen Plan und machten uns über ungefähre Budgets Gedanken. Wir dachten uns, dass mein Vater und ich um die Frühlingsferien herum für zwei Wochen nach Kenia fliegen könnten, damit ich nicht zu viel Stoff in der Schule verpasste. Wir könnten Logan, Julie und Liam besuchen, ein wenig einheimische Kultur tanken und helfen, wo wir gebraucht wurden. Fantastische Aussichten!

Und teure Aussichten. Mein Vater und ich brauchten Geld für Auslandsflüge, mehrere Übernachtungen, Essen, Passgebühren, Verkehrsmittel auf dem Land und wahrscheinlich einige unvorhersehbare Vorfälle. Unser Budget belief sich auf etwa 5 000 Dollar.

Meinen Eltern war von Anfang an klar, dass wir für die Finanzierung einer Reise nach Afrika viel Glauben brauchten. Wir mussten Gott vertrauen, dass er uns das nötige Geld schenken würde. Aus der Bibel wussten wir, dass Gott alles gehört – *alles*. Zwar hatten wir noch keine Ahnung, wie Gott meinen Vater und mich versorgen würde, doch wir wussten: Wenn er uns in Ostafrika haben wollte, würde er uns irgendwie helfen.

Doch auch wir selbst mussten einige Opfer bringen. Genau genommen war das von Anfang an eine Bedingung. Als meine Eltern mir erlaubten, nach Kenia zu gehen, trafen sie eine Übereinkunft mit mir: Sie würden helfen, meine Reise zu finanzieren, wenn ich einwilligte, in dem Jahr auf Weihnachtsgeschenke und unnötige Ausgaben zu verzichten. Geschenke gegen eine Reise nach Afrika? Für mich war die Sache sonnenklar. Fröhlich akzeptierte ich die Bedingungen und setzte mir das Ziel, den Plan durchzuziehen.

KAPITEL 2

Viele helfende Hände

Wenn es nach mir gegangen wäre, hätte ich keinen Brief an Freunde und Verwandte geschickt, um darin um finanzielle Unterstützung zu bitten. Ich wusste, dass Missionare das tun, und ich fand auch, dass das für sie eine super Sache war – aber meinen Vater und mich hielt ich nicht unbedingt für Missionare. Wir wollten doch nur für kurze Zeit nach Kenia, und zwar auch, um Verwandte zu besuchen, die *tatsächlich* Missionare waren. Warum sollten andere uns dabei unterstützen wollen?

»Ich glaube einfach nicht, dass irgendjemand uns Geld schicken wird«, erklärte ich meiner besten Freundin Kassadee. Ich erklärte ihr, dass ich einen Spendenbrief für eine riesige Zeit- und Energieverschwendung hielt.

Doch Kassadee war nicht so pessimistisch. »Meinst du wirklich nicht, dass irgendjemand etwas dazu beisteuern würde?«

Ich schüttelte den Kopf. Vielleicht verzog ich sogar ein wenig das Gesicht. Für mich hatte der Gedanke, andere um Geld zu bitten, nur ein einziges unweigerliches Ergebnis: nämlich gar keines.

Davon war Kassadee hingegen nicht überzeugt, und sie ließ nicht locker. »Weißt du«, sagte sie, »Briefmarken kosten nicht viel, und vielleicht erlebst du ja eine Überraschung. Ich wette, manche Leute würden sich sehr über eine Gelegenheit freuen, dir zu helfen, diesen Traum wahr werden zu lassen.«

Mit anderen Worten: Fragen kostet nichts.

Das Ganze war dann recht einfach: Mein Vater und ich erklärten in einem Brief unseren Plan, unsere Verwandten in Kenia zu besuchen und dort zu helfen. Wir gaben an, wie viel unsere Reise etwa kosten würde, und baten um Gebete und finanzielle Hilfe, um unser Ziel zu erreichen. Den Brief schickten wir an unsere Verwandten und einige gute Freunde. Dann warteten wir ab, ob jemand antworten würde.

Die Reaktion war überwältigend, und es wurde noch besser!

Ich habe ja bereits erwähnt, dass ich ein ziemlich ruhiger Mensch bin und gern im Hintergrund bleibe. Beispielsweise war mir der Gedanke, eine Geburtstagsparty zu feiern, nie besonders angenehm. Aber da unsere Reise auf dem Plan und mein 13. Geburtstag am Horizont stand, konnte sogar ich zustimmen, dass eine besondere Party angebracht war.

Kurz vor unserer Reise luden meine Eltern also alle meine Freundinnen zu einer Feier ein, unter einer Bedingung: Sie durften mir keine Geschenke machen. Stattdessen willigte jedes Mädchen ein, ein kleines Spielzeug für die Kinder in Kenia mitzubringen. Ich konnte die Geschenke dann in meine Koffer packen und für uns alle dort verteilen.

Die Party war eine der besten, die ich je erlebt habe! Wir alle freuten uns, weil wir wussten, dass die Geschenke für Kinder bestimmt waren, die kaum etwas hatten. Ich öffnete sie nacheinander – ein Fußball, ein kleines Bowling-Set, ein paar Matchbox-Autos – und wir jubelten gemeinsam darüber. Alle freuten sich darüber, dass sie etwas geben konnten.

Inzwischen dauerten die Reisevorbereitungen für uns als Familie schon fast ein Jahr, und die ganze Zeit über hatten andere uns dabei geholfen. Sie hatten gebetet, uns finanziell unterstützt, uns überrascht und mit uns gefeiert. Gott hatte jeden Einzelnen gebraucht, um uns voranzubringen und uns in dem Glauben zu bestärken, dass wir auf dem richtigen Kurs waren.

Darum hatte ich bei unserer Abreise das Gefühl, dass viel mehr Personen als nur mein Vater und ich auf diese Reise gingen. Wir nahmen den Eifer und den Glauben vieler anderer mit. Weil Gott durch sie gewirkt hatte, waren unsere Flugtickets vollständig bezahlt und unsere Koffer mit tollem Spielzeug gefüllt. Unsere Herzen sprudelten vor Aufregung schier über. Ich hatte das Gefühl, schon ein riesiges Abenteuer hinter mir zu haben, und die Reise sollte doch gerade erst beginnen!

KAPITEL 3

Kulturschock

Meine Mutter weinte, als sie meinen Vater und mich am Flughafen verabschiedete. Ich wusste, dass sie über die bevorstehende Trennung traurig war. Sie war unruhig, das merkte ich. Mein Vater und ich flogen an einen Ort, an dem fast alles unbekannt für uns war. Bisher beschränkte sich die Summe unserer internationalen Reiseerfahrungen auf einen Urlaub meiner Eltern in Mexiko. Außerdem war ich gerade ein Teenager.

Ich für meinen Teil hatte *vor* der Reise nicht allzu viel Lampenfieber. Selbst dass wir erst den Atlantik und dann das Mittelmeer überqueren würden, machte mir nicht viel Angst. Die Aussicht auf Kenia war einfach zu aufregend! Darum war es eine besondere Ironie, dass ich ausgerechnet *nach* dem Flug Beklemmungen bekam. Unsere Ankunft in Nairobi brachte mich aus dem Konzept.

Bei der Landung spähte ich aus dem Fenster und ließ meinen Blick von links nach rechts gleiten. Ich dachte, ich würde dürres Steppenland und vielleicht ein paar Giraffen zu sehen bekommen. Doch wo ich eine Safari-Postkarten-Szene erwartet hatte, fand ich die Unruhe einer Großstadt und jede Menge Grün: dicke Sträucher, belaubte Bäumen und hoch aufragende Palmen. Weite Bodenflächen waren mit Gras überzogen; es war ganz und gar nicht das trockene, unbewohnte Land, das ich erwartet hatte. Vom Flughafen aus war die Skyline der Innenstadt zu sehen, und aus dieser Perspektive betrachtet sah Nairobi aus wie jede andere Großstadt. Es hätte genauso gut Dallas oder Cincinnati sein können.

Wir hatten noch nicht einmal das Rollfeld verlassen, da war mir schon klar, dass dies nicht das Afrika war, das ich mir vorgestellt hatte. Jenes Afrika war ländlicher, trockener und weitaus weniger entwickelt: ohne die Gebäude, Autobahnen und die großen Menschenmengen, sondern stattdessen mit Fußwegen, dürrem Gestrüpp und kreidiger, rötlicher Erde. (Was mir an geografischen Kenntnissen fehlte, hatte ich offensichtlich mit Stereotypen wettgemacht.) Ich sah sofort, dass meine Grundannahmen über Kenia nachjustiert werden mussten. Doch bevor ich damit anfangen konnte, öffnete sich die Flugzeugtür und schlechte Luft drang in die Kabine.

Es war mein erster Tag und meine erste Stunde in Afrika, und mindestens einer meiner fünf Sinne war ständig unter Beschuss.

Onkel Logan holte uns vom Flughafen direkt hinter der Zollkontrolle ab. An ihm selbst hatte sich fast nichts verändert, doch der Kontext war so anders, dass es einen Moment lang schien, als hätte sich *alles* verändert. Plötzlich war Onkel Logan nicht mehr einfach eine größere, bärtige Version meines Vaters; hier in Nairobi war er der weiße Onkel Logan – das einzige hellhäutige Gesicht in der Menschenmenge. Ich wusste: Wenn er aufgrund seiner Hautfarbe so sehr auffiel, würde ich ebenso sehr auffallen.

Die Fahrt von Nairobi nach Bomet dauerte dreieinhalb Stunden. Wir fuhren zuerst auf einer Fernstraße, die quer durch den Großen Afrikanischen Grabenbruch in der Region der Großen Seen führte, direkt nördlich der Serengeti-Ebene. Die Landschaft war atemberaubend. Das ganze Tal war saftig grün von der Regenzeit, und wir konnten entfernte Berge, einen weiten blauen Himmel, sanft rollende Hügel und niedrige, weit ausladende Bäume sehen. Doch die

Naturwunder um uns herum waren nicht die einzigen Bilder. Es gab große und kleine Städte, beladene Lastwagen, reisende Menschen und sogar Esel, die Karren hinter sich herzogen – und all das auf einer riesigen Leinwand leuchtender, kräftiger Farben.

Die meisten Gebäude in Kenia sind aus Betonsteinen und Stahlstäben gebaut oder aus Holz und Wellblech. Wenn die Grundmauern eines Gebäudes stehen, wird die Fassade normalerweise nicht gestaltet. Stattdessen werden die meisten Häuser einfach gestrichen und zu ihrer eigenen Werbetafel. Es ist nicht ungewöhnlich, dass ein ganzer Laden oder Imbissstand eine handgemalte Werbeanzeige ist: Slogans, Logos, gesponserte Produkte – was immer man sich denken kann. Als Marketingstrategie auf jeden Fall erfolgreich!

Hoch über der Stadt lag Tenwek, ein offener, aus verschiedenen Gebäuden bestehender Klinikkomplex. Unten am Hügel war ein Apartment-Block für die ehrenamtlichen Mitarbeiter des Krankenhauses errichtet worden. Vor einem dieser Apartments hielten wir und Onkel Logan, mein Vater und ich stiegen aus dem Auto. Sofort grüßte uns Tante Julies strahlendes Lächeln. Liam saß auf ihrer Hüfte und sein blondes Haar leuchtete im Sonnenschein noch heller. In den letzten drei Monaten war er sehr gewachsen und hatte sich auch sonst sehr verändert.

»Da seid ihr ja! Herzlich willkommen! Immer hereinmarschiert!«

Nachdem Tante Julie uns rasch die Wohnung gezeigt hatte, brachte sie meinen Vater zu seinem Zimmer und mich zu meinem. Sie und ich waren kaum durch die Tür, da tauchten am Fenster auch schon ein paar Kinder auf, die die Köpfe reckten und ins Zimmer spähten. Ich war sehr überrascht, aber Tante Julie ließ sich gar nicht aus der Ruhe bringen. Sie lächelte die Kinder an und zog dann einen Vorhang vors Fenster.

»Sonst gehen sie nicht wieder weg«, erklärte sie mit einem Achselzucken.

Als ich schließlich allein in meinem Zimmer war, öffnete ich meinen Koffer und packte einige Sachen aus. Dad und ich hatten nicht viel Kleidung oder persönliche Gegenstände mitgenommen, weil wir im Gepäck hauptsächlich Dinge für die kenianischen Kinder und ihre Familien mitgebracht hatten. Eine Welle von Aufregung durchströmte mich bei dem Gedanken, endlich das Spielzeug verschenken zu können, das wir monatelang gesammelt hatten!

Ich ging zurück ins Wohnzimmer, wo ich wieder Kinder vor dem Fenster sah. Es war nicht schwer zu erraten, dass diese Kinder arm waren. Nach allem, was ich von Bomet gesehen hatte, waren die meisten Einheimischen arm. Die Krankenhaus-Apartments waren offensichtlich für Ärzte aus Ländern der ersten Welt gebaut worden, die auf Besuch hier waren. Logans und Julies Wohnung hatte vier Zimmer, ein Bad, eine typisch westliche Küche und sogar einen Kamin. Doch diese Apartments waren hier kein Standard; tatsächlich waren sie riesig und wirkten irgendwie deplatziert. Schon um die nächste Ecke wohnten ganze Familien in Ein-Raum-Betonhäusern mit Blechdächern. Größtenteils sah die ganze Nachbarschaft so aus. Kein Wunder also, dass die einheimischen Kinder sich hier tummelten und versuchten, einen Blick in die Apartments zu erhaschen. Deren Bewohner waren reiche Außenseiter, exotisch und interessant zu beobachten.

Die Jungen und Mädchen sahen mich am Wohnzimmerfenster stehen. Sofort kamen ein paar von ihnen zum Haus gerannt und fingen an, lustige Tänze vor mir aufzuführen. Ich spielte mit, versteckte mich hinter den Möbeln und sprang dann plötzlich hervor. Die Kinder lachten und tanzten weiter. Ich lachte auch und sprang wieder hinter den Möbeln hervor. Das ging eine Weile so weiter, bis ich schließlich meinen Vater und Onkel Logan fragte, ob ich nach draußen gehen und mit den Kindern spielen dürfte. Mit ihrer Erlaubnis schnappte ich ein paar nagelneue Springseile aus meinem Koffer und rannte hinaus.

Beim Spielen mit Kindern auf dem Tenwek-Gelände

Die Kinder und ich verbrachten den ganzen Tag gemeinsam bis zum Sonnenuntergang, wir spielten Seilhüpfen und dachten uns andere Spiele aus. Aus irgendeinem Grund erklärten mich die kenianischen Kinder dabei zum Löwen. Ich fand nie heraus warum; vielleicht, weil ich größer war und eine hellere Hautfarbe hatte als alle anderen Kinder. Aber ich spielte gern mit. Ich holte mein bestes Löwengebrüll hervor und jagte sie stundenlang herum.

An jenem Abend ging ich 13 000 Kilometer von meiner Heimat entfernt ins Bett, und in vielerlei Hinsicht hätte diese Entfernung nicht deutlicher zu spüren sein können. Mein Körper verstand nicht, in welcher Zeitzone er sich befand, und meine helle Haut fühlte sich unter so vielen dunkelhäutigen Menschen seltsam an. Die Armut, die ich gesehen hatte, verunsicherte mich, und die Sprachbarriere hatte sich bereits als ziemliche Herausforderung herausgestellt. Bisher war Afrika hauptsächlich alles, was ich *nicht* erwartet hatte, und ich hatte das Gefühl, schon mehrmals die Orientierung verloren zu haben. Aber ich war hier! In Kenia! Gott hatte mich und meinen Vater auf die andere Seite des Planeten gebracht und uns alles geschenkt, was wir für diese Reise brauchten. Wenn er das so leicht bewerkstelligen konnte, konnte er mir sicher auch helfen, mich schnell einzuleben.

So müde ich auch war, ich konnte in jener Nacht vor Aufregung kaum schlafen. Ich konnte kaum erwarten, was der nächste Tag bringen würde.

KAPITEL 4

Babys in Plastikkisten

In Kenia gibt es ein gebräuchliches Suaheli-Wort für »weiße Person«: *mzungu* (m-ZUN-gu). Zu diesem Wort gehört eine schillernde Legende.

Je nachdem, wen man fragt, bekommt man zu hören, dass die wörtliche Übersetzung für *mzungu* einfach »weiße Person« ist. Oder man erfährt, dass mit der Bedeutung dieses Wortes eine jahrhundertealte Geschichte verknüpft ist, und in diesem Fall hört man eine andere Definition: Als die ersten europäischen Siedler in Afrika ankamen, waren sie bekannt für ihre Unfähigkeit, sich im Land zurechtzufinden. Diese Menschen verirrten sich so oft auf dem Kontinent, dass man sie nach ihrem fehlenden Orientierungssinn benannte. Der Spitzname *mzungu* schien einfach zu passen. Dieser Version zufolge bedeutet das Wort in einem Dialekt »zielloser Wanderer« und klingt in einem anderen sehr wie »sich auf der Stelle drehen«.

Angesichts dieser »Verirrtheits«-Legende könnte man sagen, dass *mzungu* ein rassistischer Begriff oder eine Beleidigung ist. Ich weiß nicht, ob das stimmt oder nicht. Ich kann Ihnen auch nicht sagen, ob die Geschichte der desorientierten europäischen Siedler Wahrheit oder Dichtung ist. Eines kann ich aber sagen: Mental und emotional war ich so desorientiert, dass der Gedanke, »weiße Person« könnte ein Synonym für »verirrt« sein, mir sehr glaubhaft erschien.

Kurz nachdem mein Vater und ich in Bomet angekommen waren, hatte ich meinen ersten Tag als freiwillige Helferin in Tenwek. Tante Julie und ich sollten auf der Neugeborenen-Station beim Babyfüttern helfen. Ich war vor Aufregung so aus dem Häuschen, dass ich das Frühstück ausfallen ließ.

Es war noch früh am Morgen, als Julie und ich zum Krankenhauskomplex liefen. Der Weg vom Apartment den Hügel hinauf war steil, und wir kamen nur langsam und etwas mühsam voran. In Bomet und vielen anderen Teilen Kenias gilt es als unangemessen, wenn eine Frau ihre Beine zeigt; Hosen (lang und kurz) gelten als provokativ. Selbst leicht auf Figur geschnittene Röcke sind gesellschaftlich inakzeptabel. Tante Julie und ich trugen also knöchellange Kleider mit einem T-Shirt darunter. Der Saum schränkte aber unsere Schrittlänge ein und die zwei Stofflagen am Oberkörper sorgten für Überhitzung. Als ich zu Hause in Branson für Kenia angemessene Kleidung gekauft hatte, waren Kleider im Ausverkauf gewesen. Hätte ich damals gewusst, wie heiß es in Kenia ist und wie aktiv ich sein würde, hätte ich nur allzu gern ein paar Dollar mehr ausgegeben, um nicht mehrere Stofflagen am Körper tragen zu müssen. Ich lernte schnell, dass locker sitzende Röcke und T-Shirts genau das Richtige waren!

Als Tante Julie und ich am Krankenhauskomplex ankamen, war ich erleichtert, dass es kein geschlossenes Gebäude war. Unter dem Schatten des Daches und bei leicht geöffneten Fenstern würden wir die Hitze gut aushalten können. Doch kaum hatte ich mir das gesagt, ging es auch schon auf die Neugeborenen-Station. Ich musste feststellen, dass diese sehr wohl ein geschlossener Raum war. Um die kleinen Babys zu schützen, wurde diese Station steril gehalten, und das hieß: keine offenen Türen, keine auch nur leicht geöffneten Fenster, kein Luftzug.

»Da sind wir«, sagte Julie mit einem Lächeln. Sie öffnete die Tür und wir traten ein.

Julie war an die Hitze, die Bilder und die Gerüche in diesem Raum gewöhnt – deswegen hatte sie mich wahrscheinlich nicht davor gewarnt. Mich aber trafen sie wie eine Druckwelle. Der Raum war klein, nicht größer als ein durchschnittliches amerikanisches Wohnzimmer. Darin befanden sich sieben oder acht Babys, und jedes von ihnen lag in einer mittelgroßen Kiste aus durchsichtigem Kunststoff. In den USA hätte man in solchen Plastikkisten vielleicht Bastelmaterial gelagert, aber hier wurden sie als Babybettchen benutzt. Alle Babys schliefen unbekleidet und ohne Windeln, und so besudelten sie sich selbst und die Kisten.

Der nackte Kunststoff wirkte abstoßend auf mich, aber ich musste zugeben, dass diese Methode unter den gegebenen Umständen vernünftig war. Der Vorteil an diesen Plastikbettchen war, dass sie sich schnell reinigen ließen. Jedenfalls die meisten.

Zu unserer Aufgabe gehörte es, die Babys zu waschen. An jenem Morgen tauchte auch eine Handvoll kenianische Mütter auf. Jede von ihnen kümmerte sich direkt um ihr Baby, während einige Krankenschwestern die übrigen Babys den anderen Freiwilligen zuwiesen, darunter Tante Julie und mir.

»Miss« – eine Krankenschwester deutete auf mich und zeigte dann auf eine Plastikkiste mitten im Raum – »Sie nehmen dieses, bitte. Die Mutter wird wegen psychischer Probleme behandelt.«

In der Kiste lag ein winziges, dünnes, fest schlafendes, kleines Mädchen. Es hatte kurze, lockige schwarze Haare und war so neu geboren, dass seine Haut noch recht hell war. Außerdem funktionierte sein Darm offensichtlich ohne Probleme. Dieses Mädchen brauchte eine gründliche Reinigung. Ihre Mutter war heute nicht da und ich sollte sie vertreten, also wollte ich ihr mein Bestes geben. Ich nahm mir Handtücher und Wasser und machte mich an die Arbeit.

Mein kleines, süßes Mädchen war nackt und sehr schmutzig. Ein strenger, schlechter Geruch stieg aus ihrem »Bettchen«. Ich wusste ja, dass nichts davon schlimm war – in Kenia war es einfach heißer als in Missouri. Die Kenianer wickelten ihre Kinder anders als wir, und die Säuglingspflege im ländlichen Afrika umfasste weniger »Schnickschnack«, als ich es von zu Hause gewöhnt war. Aber obwohl ich im Kopf wusste, dass es dem Baby gut ging, *fühlten* sich die Umstände nicht gut an. Ich dachte ständig, dass mein Mädchen in einen Stubenwagen mit richtiger Bettwäsche oder eine rosa verzierte Wiege gehörte. Es brauchte doch eine Windel, einen niedlichen Strampler, ein selbst gestricktes Mützchen und Schühchen und ein Zimmer, das frisch und sauber roch. Oder?

Der Lebensstil, der mir vernünftig erschien, fand auf der anderen Seite der Welt statt. Im Vergleich dazu war der Ort, an dem ich stand, fremd und beunruhigend. Schneller, als ich sie verarbeiten konnte, wurde ich mit neuen, verwirrenden Bräuchen konfrontiert, und ich bekam einen Tunnelblick. Ich verlor die Übersicht in meinem eigenen Kopf – und beinahe auch die Dinge aus der Hand.

Die kenianischen Mütter wuschen ihre Babys selbstbewusst, als wäre es das Einfachste auf der Welt. Mit einer Hand hielten sie den Säugling, in der anderen Hand einen feuchten Lappen, und sie drehten und wendeten die zappelnden Babys mühelos. Offenbar hatten sie keine Sorge, das Kind fallen zu lassen oder sich mit etwas Ekligem zu beschmieren. Sie waren schnell fertig.

Bei mir hingegen war nicht einmal Halbzeit. Meine Haut war schweißnass, und ich hatte Angst, dass mir das einen Tag alte Baby jeden Moment aus den Händen rutschen und auf dem Boden landen könnte. Oder dass ich am Ende Fäkalien über mich verteilen könnte. Allein bei dem Gedanken rebellierte mein Magen. *Ekelhaft.*

Ich weiß, es ist schrecklich, ein solches Wort mit einem schlafenden Säugling in Verbindung zu bringen. Obwohl ich es nicht wollte, ging es mir immer wieder durch den Kopf. Einerseits hatten der kleine Schmollmund und der zufriedene Gesichtsausdruck mein 13-jähriges Herz nur so dahinschmelzen lassen. Ich beobachtete das Babygesicht aufmerksam, achtete auf jedes Anzeichen eines Jammerns oder Zusammenzuckens und war bereit, auf jedes Bedürfnis des kleinen Mädchens einzugehen. Andererseits dachte ich die ganze Zeit, als ich es wusch: *Eklig. Äääh!*

Die kenianischen Mütter, die ihre Babys gewaschen hatten, setzten sich nacheinander auf die kleinen Holzhocker, die an der gegenüberliegenden Wand des Raumes aufgereiht standen. Dann, das Gesicht zum Raum gewandt, fingen sie an, ihre Kinder zu füttern. Weil der Raum so klein war und weil die einzigen lebendigen Wesen in dessen Mitte mein Baby und ich waren, schauten die Frauen uns direkt an. Wir boten ihnen eine ziemliche Show. Nicht nur, dass ich ungefähr zehn Jahre jünger und mehrere Schattierungen hellhäutiger war – ich wedelte mir auch ständig Luft zu und wischte mir den Schweiß aus dem Gesicht. Mein ungeschicktes, zögerliches Herangehen beim Waschen des Babys war wie ein Leuchtsignal für alle Zuschauer: »Sie fühlt sich nicht wohl in ihrer Haut!« Es war fast, als *versuchte* ich, aufzufallen wie ein bunter Hund.

An jenem Tag in jenem kleinen Raum war ich ganz anders als diese kenianischen Mütter, und nichts, so sehr ich mich auch anstrengte, hätte etwas daran geändert. Sie waren alles, was ich nicht war: erwachsen, stark, dunkelhäutig und erfahren. Ich war in jeder Hinsicht eine Minderheit: jung, weiß, ausländisch und planlos. Ihre Haut glänzte vor Schweiß, genau wie meine, aber die Hitze schien sie nicht zu stören. Die Säuglingspflegegewohnheiten in Tenwek (einschließlich der Gerüche und der nackten Hinterteile) brachten sie nicht aus der Fassung.

Ich wischte noch ein paar Mal vorsichtig über Baby und Kunststoff, und dann war die Kleine sauber. Ich wickelte sie in eine Decke, seufzte tief und erleichtert auf und bereitete mich auf den leichten Teil vor: das Füttern. Wie schwierig konnte das schon sein? Die Aufgabe wirkte so einfach, dass ich nicht ernsthaft darüber nachdachte. Im Rückblick war das ein Fehler.

Wenn man ein Neugeborenes füttern will, sind zwei Elemente besonders hilfreich. Heute weiß ich das, weil ich auf der Neugeborenen-Station keines von beiden hatte. Diese Elemente sind erstens eine Flasche und zweitens ein waches Baby. Die einzigen vorhandenen »Fütterwerkzeuge« waren kleine Medizinbecher aus Plastik, wie sie zum Beispiel auf einer Flasche Hustensaft stecken. Damit holte ich ein paar Milliliter Milch zur Plastikkiste meines kleinen Mädchens und blieb einen Moment lang verwirrt stehen. Mein Baby schlief immer noch, die zarten Lippen aufeinandergepresst. Es war ein süßes, friedliches Schmollmündchen, aber ich wusste, dass ich die Kleine wecken musste, wenn sie essen sollte.

Ich begann meine Aufweckversuche, indem ich sie an allen kitzligen Stellen krabbelte: am Bauch, an den Seiten, unter den Armen, unter dem Kinn. Nichts davon schien sie zu merken; sie schlief weiter. Als Nächstes stupste ich sie ein wenig an und rieb meine Nase an ihrer Wange. Ich kitzelte sie im Nacken; dann versuchte ich es an den Fußsohlen. Ich ließ meine Finger an ihrem Kiefer entlanggleiten, über ihre Nase, um ihre Lippen herum. Ich tätschelte ihr Hinterteil und stupste sie in die Kniekehlen. Ich hob sie in die Luft, bewegte sie ein bisschen und ließ dabei ihre Beine baumeln und schwingen.

Immer noch nichts. Ich wusste, dass sie einen winzig kleinen, unangenehmen Reiz brauchte – vielleicht ein ganz leichtes Kneifen an den Armen, oder ein bisschen mehr Druck, wenn ich ihre Füße kitzelte –, aber das war das Letzte, was ich wollte. Dieses Mädchen war gerade erst geboren worden. Es war ganz allein, und niemand wusste, wann seine Mutter wieder zu ihm zurückkommen konnte. Mir erschien es wichtig, es vor einer zusätzlichen negativen Erfahrung zu schützen, so klein es auch sein mochte.

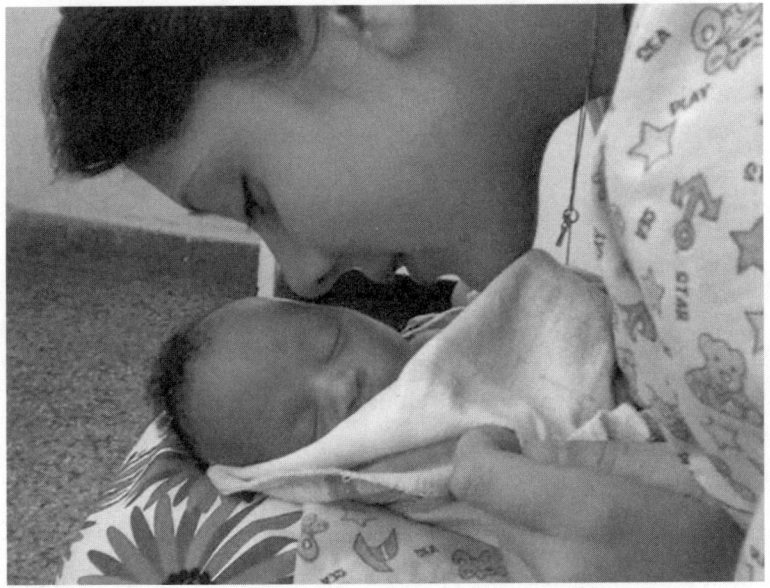

Eins der Drillingsfrühchen und ich im Tenwek-Krankenhaus

Also stupste, tätschelte, kitzelte, bewegte und schaukelte ich es weiter, aber mein Baby reagierte nicht und schlief einfach weiter. Dann drehte sich die Situation. Eine Krankenschwester auf der anderen Seite des Raumes bemerkte, dass mein Baby nicht aß. Sie beschloss, die Sache selbst in die Hand zu nehmen. Sie kam zu uns herüber, nahm den Medizinbecher mit Milch in die Hand und kniff mein kleines Mädchen in die Wangen. Kräftig. Mein Baby wand sich und quietschte, und als sein Mund sich öffnete, um seinen Unmut kundzutun, goss die Krankenschwester eine kleine Menge Milch hinein.

Die schläfrigen Augen meines kleinen Mädchens öffneten sich. Es gurgelte und hustete. Dann schluckte es und stieß einen scharfen Schrei aus. Die Krankenschwester reichte mir den Medizinbecher, nickte zuvorkommend und lächelte. »So kannst du das machen«, sagte sie.

Als die Schwester wegging, schmiegte ich mein Baby sofort schützend an mich und schaute ihm ins Gesicht. Es überraschte mich nicht, dass es schon wieder halb am Einschlafen war – nur dieses Mal war etwas anders. Seine Unterlippe war vorgeschoben, und diese Reaktion reichte aus, um in mir einen hitzigen, sturen Impuls aufblitzen zu lassen. Es gefiel mir nicht, dass mein Baby jetzt traurig schaute.

Ich beugte mein Gesicht an seins heran. »Das tat weh, oder?«, flüsterte ich. Ich war fest entschlossen, dafür zu sorgen, dass während meiner Schicht keine Kniffe mehr nötig waren. Nun hielt ich den Rand des Medizinbechers über ihre Lippen und drückte ihn zusammen, sodass eine kleine Tülle entstand. Ein paar Mal öffnete sich der Mund meines Babys so lange, dass ich ein paar Tropfen hineingießen konnte. Dann wieder drückte sie die Lippen so schnell zusammen, dass die Milch statt in den Mund über ihre Wange und in ihre Wickeldecke tröpfelte. Meistens öffnete sie gar nicht den Mund.

Mein rechter Arm verkrampfte sich langsam, weil ich den Becher so lange in der Luft halten musste. Mein linker Arm tat bereits vom Halten des Babys weh, und meine Beine begannen, zu brennen und zu schmerzen, weil ich immer wieder auf und ab wippte. Im Raum wurde es auch nicht kühler, und die wabernden Gerüche waren immer noch überwältigend.

Plötzlich begannen alle Farben im Raum zu verblassen. Die Menschen und Gegenstände wurden unscharf, wie ein altes Foto. Mein Kopf fühlte sich ganz leicht an und im Körper wurde mir unbehaglich und schwindlig.

Der Raum begann sich zu drehen. Instinktiv legte ich das Baby zurück in die Kiste und ging, unsicher einen Fuß vor den anderen setzend, zu der Tür, die nach draußen führte. Es kostete mich eine ungemeine Anstrengung, nicht hinzufallen.

Draußen stand eine kleine Holzbank und ich setzte mich schwerfällig darauf. *Leg dich hin, damit du nicht ohnmächtig wirst*, sagte ich mir. Ich ließ mich auf die Bank sinken. Dann wurde alles schwarz.

Als ich auf jener Bank wieder zu mir kam, war ich schrecklich verlegen. Ich sollte mich doch um das Baby einer anderen Frau kümmern. Ich sollte dem Krankenhauspersonal bei seiner Arbeit helfen. Stattdessen hatte ich sie im Stich gelassen. Ich musste nicht nur selbst Pause machen und mich erholen, sondern ich holte auch noch Tante Julie von ihrer Arbeit weg. Sie hielt meinen Arm, während ich schwach und benommen zurück zu ihrem Apartment und ins Bett ging.

Ich schlief sehr lange. Als ich wach wurde, versuchte ich, das Geschehene zu verarbeiten. Schon zu Hause war ich mehrmals ohne ersichtlichen Grund in Ohnmacht gefallen. Obwohl meine Ärzte nicht herausfinden konnten, warum ich so oft umkippte, hatte mir einer von ihnen beigebracht, wie ich es in Zukunft vermeiden konnte. Mit etwas Übung beherrschte ich seine Methode nun relativ gut. Meistens konnte ich die Warnzeichen erkennen und den Prozess noch aufhalten. Dass ich hier in Kenia in Ohnmacht gefallen war, veranlasste mich, etwas intensiver darüber nachzudenken, wie es mir hier ging. An dem Tag, an dem ich umgekippt war, hatte ich das Frühstück ausfallen lassen, und im Krankenhaus war es brutal heiß gewesen – aber war nicht noch mehr an der Sache dran? Das begann ich jedenfalls zu vermuten.

Selbst nachdem ich in Ruhe etwas gegessen und mich etwas erholt hatte, konnte ich eine gewisse Unruhe nicht abschütteln. Ich war immer noch verwirrt und durcheinander. Meine Reaktionen wirkten unberechenbar und unbeholfen. Meine Gedanken widersprachen sich, und meine Gefühle waren unverhältnismäßig aus dem Gleichgewicht. Alles war verworren. Ich war erst einen Tag lang von zu Hause fort und fühlte mich bereits, als hätte ich mich in Kenia verirrt.

KAPITEL 5

Mosop

Nach jenem ersten Tag in Tenwek verbrachten mein Vater und ich noch ein paar Nächte im Apartment von Onkel Logan und Tante Julie. Ich half beim Kochen mit Liam und beim Saubermachen. Außerdem spielte ich mit den Kindern aus der Nachbarschaft und arbeitete wieder in der Neugeborenen-Station – dieses Mal mit mehr Erfolg! Ich teilte meine Zeit also auf: Einen Teil verbrachte ich in einer großen Wohnung, die für Ärzte aus der westlichen Welt gebaut worden war, und den anderen Teil mit Arbeit und Freizeit in den Slums. Die Unterschiede zwischen den beiden Lebensstilen waren schockierend.

Wenn ich im Apartment war, wo es reichlich Essen und typische amerikanische Annehmlichkeiten gab, fühlte ich mich zu Hause. Gleichzeitig kam mir das nicht mehr richtig vor, wenn gleich um die Ecke Menschen in solcher Armut lebten.

Warum gefällt es mir, so viel zu haben?
Warum sollte ich so viel haben, wenn andere so wenig haben?
Warum gebe ich nicht mehr davon ab?

Gleichzeitig gab es Momente, in denen es fast entmutigend war, etwas zu geben. Die Armut und Not um uns herum war so tief greifend, dass ich mich an manchen Tagen fragte, ob irgendeine Hilfe überhaupt etwas auf Dauer ändern könnte.

Hilft irgendwas hiervon wirklich?
Kleben wir nicht nur Pflaster auf eine stark blutende Wunde?
Ist das Problem zu groß, oder könnten wir hier tatsächlich etwas verändern?

Meine Zeit in Kenia warf mehr Fragen auf, als sie Antworten brachte, und ich fühlte mich zwischen widersprüchlichen Emotionen hin- und hergerissen. Besonders bewusst wurde mir das etwa in der Mitte unserer Reise, als mein Vater und ich auf eine sehr teure, vorab geplante Wochenendsafari gingen. Ich fühlte mich schuldig, weil sie so viel kostete. Es kam mir egoistisch und auch ein wenig abstoßend vor, selbst etwas »außer der Reihe« zu unternehmen, während es fast allen um mich herum am Allernötigsten mangelte. Als wir uns also zu dem Wochenende aufmachten, mischte sich ein bitterer Beigeschmack unter unsere Begeisterung für das Abenteuer.

Mehrere Nächte lang schliefen wir in Fünf-Sterne-Zelten. Uns wurde drei Mal täglich ein köstliches Essen serviert, und zur Erholung und zum Schwimmen konnten wir einen Swimmingpool nutzen. Tagsüber fuhren wir mit Geländewagen hinaus in die unermesslich weite Landschaft. Wir sahen Giraffen, Antilopen, Affen und Nashörnern in freier Wildbahn. Nachts hörten wir, wie die Flusspferde im Fluss miteinander kämpften. Unsere Umgebung war so wunderschön und so exotisch. Wir erlebten alle möglichen uns neuen Facetten von Gottes Kreativität.

Doch wir waren Touristen, reisten in sauberer, unbeschadeter Kleidung und mit einer Ausrüstung, die in gutem Zustand war. Unser Magen war stets gut gefüllt und die Realität der Armut in Kenia blieb sozusagen »vor der Tür« unserer täglichen Expeditionen. Die meisten anderen Teilnehmer unserer Tour wären vermutlich erstaunt gewesen zu sehen, welch ein Luxus diese Safari war verglichen mit dem Leben der Kenianer in dieser Gegend. Es wäre relativ einfach gewesen, all das zu ignorieren. Doch ich hatte in Tenwek Babys im Arm gehalten und mit Kindern auf den Straßen von Bomet gespielt. Für mich war es unmöglich, den Unterschied zu vergessen.

Könnte alles anders sein, wenn die Menschen in der westlichen Welt wüssten, wie reich und privilegiert die meisten von uns sind? Warum fällt es uns so leicht, all das zu ignorieren?

Als unsere Safari vorbei war, kehrten mein Vater und ich kurz nach Bomet zurück; dann war es Zeit für die nächste Phase unserer Arbeit. Wir packten einige Taschen und mieteten ein Auto und einen Fahrer. Dann fuhren Tante Julie und der kleine Liam mit uns eines Nachmittags quer durch die Stadt, während Onkel Logan im Krankenhaus war. Das Mosop-Schul- und Waisenhauszentrum lag nur eine kurze Autofahrt von unserem Apartment entfernt, aber als wir dort ankamen, hatten wir das Gefühl, es lägen ganze Welten zwischen den beiden Orten.

Wir kamen zur Unterrichtszeit an und wurden vom Schuldirektor und seiner Frau empfangen, die die Schule gegründet hatten und sie auch leiteten. Sie stellten uns zwei junge amerikanische Frauen vor, Raika und Kaitlyn. Die beiden waren Collegestudentinnen, die in diesem Semester in Bomet ein Pflichtpraktikum absolvieren wollten und am Tag zuvor in Mosop eingetroffen waren. Als Gruppe wurden Raika, Kaitlyn, Tante Julie mit Liam mein Vater und ich zu einem Gemeinschaftsplatz unter freiem Himmel geführt, denn unser Eintreffen war Anlass für eine Schulversammlung.

Der Direktor sprach die versammelte Schülerschaft an. »Guten Morgen«, sagte er. »Heute haben wir besondere Gäste aus den Vereinigten Staaten. Hört ihnen gut zu, denn sie haben euch wichtige Dinge zu sagen.«

Das war offenbar in den ländlichen Gegenden Kenias eine übliche Praxis. Wenn man dort weiß und amerikanisch ist, wird allgemein angenommen, dass man außergewöhnlich gebildet und sehr reich ist und etwas Lohnenswertes zu sagen hat. Man verfügt mit anderen Worten also über wertvolle Güter – nämlich Bildung und Finanzen –, die weitergegeben werden können. Ob man nun der Präsident eines Landes ist oder nur ein 13-jähriger Teenager, der bei Verwandten zu Besuch in der Stadt ist: Als *mzungu* wird man üblicherweise fast wie ein Adliger behandelt. Dazu gehört die Erwartung, schnell eine Rede halten zu können.

Meinem Vater fiel sofort etwas ein. Raika und Kaitlyn auch. (Ich erfuhr später, dass sie durch ihre Arbeit an kenianischen Schulen in jenem Sommer daran gewöhnt waren, aus dem Stegreif Reden zu halten.) Ich für meinen Teil wäre lieber in ein Loch gekrochen, als vor der gesamten Schülerschaft zu sprechen, vor allem ohne Vorankündigung. Also lächelte ich, winkte schüchtern und sagte einfach: »Hi. Ich bin Riley. Ich freue mich sehr, hier zu sein.«

Als die Reden und Vorträge vorbei waren, beendete der Direktor die Schulversammlung, sodass wir alle ein wenig Freizeit hatten. Wir verbrachten den Rest des Schultages, indem wir mit den Kindern spielten und sie kennenlernten. Mein Vater ging zu den Jungen aus der Sekundarstufe. Auf dem Schulgelände gab es alte Reifen, und Dad wollte ein paar Seile suchen und mit den Kindern eine Reifenschaukel bauen. Die Mädchen aus der Sekundarstufe waren zu Raika und Kaitlyn geströmt und schnatterten fröhlich. Ich blieb bei den Grundschülern, spielte mit ihnen »Ochs am Berg« und versuchte, mir ihre Namen zu merken, während die Kinder an mir vorbeirannten.

Wir hatten so viel Spaß, dass ich gar nicht mehr aufhören wollte. Aber ich konnte es auch kaum erwarten, wieder zu gehen, denn ich wusste: Wenn ich heute Abend nach Hause kam, konnte ich meinen Koffer aufmachen und das restliche Spielzeug herausholen, das mein Vater und ich aus den USA mitgebracht hatten. Viele Kinder in Mosop trugen nicht einmal Schuhe, und so dachte ich mir, dass es ihnen sicher Spaß machen würde, ein kleines Geschenk auszupacken, das nur für sie allein bestimmt war. Ich freute mich sehr darauf, diesen wunderbaren Kindern Spielzeug zu schenken.

Am späteren Nachmittag fuhren Tante Julie und der kleine Liam wieder mit dem Fahrer zurück zu ihrem Apartment in Tenwek. Dad und ich würden vier Nächte in Mosop bleiben, in der Schule aushelfen und während dieser Zeit beim Direktorenehepaar wohnen.

Das Haus war auch ein Waisenhaus für etwa zehn Kinder aus der Gegend. Im ländlichen Kenia ist es nichts Ungewöhnliches, wenn Kinder aufgrund von Aids, durch Wasser übertragene Krankheiten, Komplikationen bei der Geburt oder wegen anderer gesundheitlicher Probleme ihre Eltern verlieren. Es ist auch nichts Ungewöhnliches, dass Eltern ihre Kinder aussetzen. Manchmal geschieht das aufgrund eines Wertesystems, in dem Kinder nicht besonders wichtig sind, und manchmal hauptsächlich aus finanziellen Gründen. Für arme Kenianer ist jedes hungrige Mäulchen, das es zu stopfen gilt, eine Belastung. Viele Eltern können es sich nicht leisten, auch nur die grundlegenden Bedürfnisse aller ihrer Kinder zu stillen. Wenn dies der Fall ist, geben die Eltern manchmal ein oder mehrere Kinder in die Obhut reicherer Personen oder Familien. Idealerweise kann das Kind bei einem Verwandten in der Nähe wohnen, doch manchmal ist es auch ein Nachbar, ein anderes zuverlässiges Mitglied der Gemeinschaft oder ein Waisenhaus, in dem fürsorgliche Menschen arbeiten.

Der Schultag näherte sich dem Ende, also suchten mein Vater, Raika, Kaitlyn und ich unsere Habseligkeiten zusammen, um den kurzen Weg zum Waisenhaus anzutreten. Als wir fortgingen, schaute ich noch einmal über die Schulter zurück zur Mosop-Schule und lächelte. Ich war froh, hier zu sein, und freute mich darauf, am nächsten Tag wiederzukommen.

In jenem Moment konnte ich noch nicht wissen, welch unauslöschliche Spuren Mosop in meinem Leben hinterlassen sollte. Gott würde jene Schule und jene Kinder benutzen, um meine eigene Geschichte in das Gewebe Afrikas einzuflechten. In Mosop würde er beginnen, mir verirrtem, verwirrtem *mzungu* ein klares Ziel und eine klare Richtung zu zeigen. Er würde mir zeigen, dass ich mich in Kenia gefunden statt verloren fühlen konnte. Er würde mir zeigen, dass dieses unbekannte Land mit all seinen kulturellen Unterschieden und unangenehmen Überraschungen ein Ort war, an dem mein Herz sich zu Hause fühlen konnte.

KAPITEL 6
Ein Bleistiftstummel

Kikerikiiiii!

Der Hahn der Nachbarn war in Mosop jeden Morgen mein Wecker. Leider hatte er keine Schlummertaste.

Während unserer Zeit im Waisenhaus teilten Raika, Kaitlyn und ich uns das Gästezimmer. Meinen Vater hatte man in eine Scheune hinterm Haus ausgelagert. Wir hatten zwei kleine Doppelbetten und zwei Moskitonetze für uns drei Mädchen. Als ich dazukam, hatten die anderen beiden in Erwartung meiner Ankunft bereits die Betten zusammengeschoben und die Moskitonetze miteinander verbunden. Sie boten mir die Mitte des Bettes an und ich akzeptierte.

Das Mosop-Waisenhaus war ein für kenianische Verhältnisse großes Haus. Neben dem Gästezimmer und der kleinen Scheune hatte es auch eine Küche, ein Wohnzimmer, ein großes Schlafzimmer und separate Flügel für die Jungen und Mädchen, die dort lebten. Doch obwohl es viele Räume gab, war die Quadratmeterzahl pro Zimmer eher bescheiden. Im Gästezimmer war, wenn wir unsere Taschen an den Wänden aufgereiht hatten, gerade genug Platz, um das Bett noch umrunden zu können.

Wenn der Hahn den Sonnenaufgang verkündete, entwirrten wir drei uns aus den Moskitonetzen, stiegen aus dem Bett und starteten in den Morgen. Der erste Punkt auf meiner Tagesordnung bestand immer darin, die Benutzung des Badezimmers so lange wie möglich hinauszuschieben. Der Grund war ganz einfach: Die Toilette bestand aus einem Loch im Fußboden. Es befand sich zwar wenigstens nicht im Freien, aber es war trotzdem ein »Donnerbalken«, und es roch. So sehr ich auch die Unterschiede in der afrikanischen Kultur akzeptieren wollte: Dieser Punkt war schwierig für mich. Ich hatte wirklich, wirklich lieber Toiletten mit Wasserspülung, auf denen man sitzen konnte.

Als Nächstes folgte das Frühstück, das aus Butterbrot und warmem *Chai* bestand. Es erforderte einiges Geschick, um die richtige Menge Brot zu erbitten. Leider hatte ich das Talent, immer mehrere Scheiben Brot zu verlangen, wenn es altbacken war – und wenn ich einen kompletten Stapel ablehnte und nur eine Scheibe nahm, war diese Scheibe auf meinem Teller natürlich perfekt und frisch.

Nach dem Frühstück wurde die Unterrichtszeit durch kleine Spaziergänge zwischen Schule und Waisenhaus unterbrochen, wo wir zu Mittag aßen und die Teepausen verbrachten. Zum Abendessen gab es immer irgendeine Form von Eintopf mit Ziegenfleisch. Dann blieben wir lange auf und unterhielten uns mit dem Direktor, während im Hintergrund Musikvideos liefen. Im Waisenhaus gab es genau eine Videokassette mit kenianischen Musikvideos, und jeden Abend ließ der Direktor sie in einer Endlosschleife laufen.

Obwohl wir nicht einmal eine ganze Woche in Mosop waren, war unser Tagesablauf so gleichförmig, dass ich mich noch immer lebhaft daran erinnere. Ich könnte wahrscheinlich heute noch zurückgehen und genau da in den Ablauf einsteigen, wo wir aufgehört hatten. Doch es gab einen kurzen Zeitabschnitt, etwa vierzig Minuten, der sich von allen anderen Momenten abhob.

Mein Vater und ich hatten uns bereit erklärt, in einem Klassenzimmer mit Erst- und Zweitklässlern zu helfen. Der Raum war relativ klein und abgesehen von der Ausgelassenheit der ungefähr zwanzig Kinder relativ schmucklos. Zur Ausstattung gehörten eine Wandtafel, ein Lehrertisch und zwei niedrige Tische, um die ringsum Kinderstühle standen. Anders als die meisten Grundschul-Klassenzimmer, in denen ich meine Zeit verbracht hatte, gab es hier keine bunten *Abc*-Tafeln oder *123*-Poster an den Wänden. Stattdessen gab es hier ein paar alte Reissäcke: Die Lehrerin hatte sie zu Lernpostern umgestaltet, indem sie mit einem Filzstift kleine Lektionen daraufgemalt und sie aufgehängt hatte. In dieser Lernumgebung behalf man sich einfach mit dem, was man hatte.

Auch die Kinder nahmen Vorlieb mit dem, was vorhanden war. Da es keine Tische, Schubladen oder Regalfächer gab, in denen sie ihre Sachen verstauen konnten, und da viele von ihnen auch keine Schultaschen hatten, lagen die meisten ihrer Habseligkeiten auf den beiden Tischen. Das war nicht viel – ein paar abgewetzte Pullover, ein paar Schraubbehälter, in denen sich, wie ich vermutete, ihr Mittagessen befand, und Hefte.

Auf den ersten Blick sahen die Hefte für mich wie Schmierblöcke aus. Sie waren etwa 13 x 18 Zentimeter groß und vielleicht 2,5 Zentimeter dick. Manchmal war fast jeder Teil einer jeden Seite mit Schrift bedeckt. Doch als ich näher hinschaute und beobachtete, wie die Klasse arbeitete, begriff ich, dass dies die Arbeitshefte der Kinder waren. Die Lehrerin schrieb etwas an die Wandtafel, und die Schüler übten, indem sie das Gleiche in ihre Hefte schrieben. Dabei nutzten sie jedes freie Fleckchen auf dem Papier aus, das sie hatten.

»Kinder«, verkündete die Lehrerin, »heute werden wir weiter englische Wörter lernen. Mr Lucas und Miss Riley werden uns helfen.«

Dann drehte sie sich um und schrieb »Ball« an die Tafel. Beim Schreiben buchstabierte sie das Wort. »B-a-l-l. Ball.«

»Ball«, wiederholten die Kinder.

Einer der Jungen an meinem Tisch zeichnete sorgfältig jeden Buchstaben nach, und als es schwierig wurde, legte ich meine Hand behutsam auf seine, um ihm zu helfen. Es dauerte eine Weile, bis er die Bewegungen koordinieren konnte. Sein Bleistift war dabei auch nicht hilfreich, denn er war bis auf einen Stummel heruntergeschrieben. Am Ende meisterte der Junge die Aufgabe aber doch.

»Gut gemacht!«, lobte ich ihn, klatschte und drückte ihm die Schultern. Er lächelte und kicherte schüchtern.

Als er fertig war, erwartete ich, dass er sich in seinem Heft eine freie Stelle suchen und noch einmal B-a-l-l schreiben üben würde. So hatte ich gelernt zu schreiben: Wiederholung auf liniertem Papier. Man schreibt den gleichen Buchstaben immer wieder, und irgendwann kann man es.

Stattdessen nahm der kleine Schüler seinen Bleistiftstummel und reichte ihn dem Kind neben sich.

Ich musste zwei Mal hinschauen, um mich zu vergewissern, dass meine Augen mich nicht trogen. An diesem kleinen Schultisch, an dem vielleicht zehn Kinder saßen, die versuchten, das englische Alphabet zu lernen, gab es nur ein einziges Schreibgerät. Sie alle teilten sich diesen kleinen Bleistiftstummel!

An diesem Punkt unserer Reise hatte ich bereits begriffen, dass Schulbildung die Chancen dieser kenianischen Kinder, der Armut zu entfliehen, deutlich erhöhen würde. Bildung war ihre beste Chance. Ich wusste auch, dass es eine große Sache war, einfach nur einen Schulplatz zu haben: Es bedeutete, dass man entweder einen Sponsor oder die Familie genügend Geld aufgebracht hatte, um die Schuluniform zu kaufen und die Schulgebühr zu bezahlen. Doch was nützte eine Zeile im Klassenbuch, wenn man nicht die nötigsten Mittel zum Lernen hatte?

Ich stand auf und ging zur Lehrerin. »Haben Sie mehr Bleistifte?«, fragte ich.

Sie schüttelte den Kopf.

»Andere Stifte?«

Wieder verneinte sie.

Ich spähte zu meinem Vater hinüber und sah, dass er in einem ähnlichen Dilemma steckte: Auch seine Kinder spielten »Gib den Stift weiter«.

Ich suchte in meinen Rocktaschen nach etwas, mit dem man schreiben konnte. Ich schaute auf dem Fußboden nach, aber ich fand nichts. Den Rest der Unterrichtszeit folgte ich dem Bleistift um den Tisch und half jeweils dem Kind, das ihn gerade in der Hand hatte. »Ball« brauchte fast 20 Minuten, und beim nächsten Wort war es genauso. Die Schüler verbrachten 90 Prozent der Unterrichtszeit mit Warten!

Es war ja toll, dass diese Kinder so gut miteinander teilen konnten, aber ich war frustriert, als ich sah, wie sie sich so abwechselten. Und es war nicht nur traurig – ich fühlte mich auch ein bisschen töricht dabei. Ich hatte einen Koffer voll Spielzeug nach Kenia gebracht, weil ich dachte, dass arme Kinder sich über Spielzeug freuen würden. In meinem reichen, privilegierten Leben in den Vereinigten Staaten war mir nicht im Traum eingefallen, dass ein Bleistift eine Quelle der Erfüllung und tiefen Zufriedenheit sein konnte. In meiner Welt ist ein Bleistift einfach nur ein Bleistift. Ich hätte diesen Kindern ganze Packungen Bleistifte mitbringen können!

Mein Vater und ich verbrachten einige Tage in jenem Klassenzimmer, und kurze Zeit später flogen wir wieder nach Hause. Wir zwei nahmen Hunderte kenianische Geschichten mit zurück nach Missouri.

Von all diesen Geschichten aber war die aus dem Klassenzimmer – ein Stift und ein Bleistiftstummel für all diese Kinder – diejenige, die mich am tiefsten traf. Ich wusste, dass meine kleinen Freunde ohne eine gute Ausbildung nur eine äußerst begrenzte Zukunft vor sich hatten.

Als wir nach Hause kamen, war meine Mutter diejenige, die sich die meisten meiner Gedanken und Geschichten über Kenia anhörte. Meine Mutter und ich stehen uns schon immer sehr nahe. Jedes Mal, wenn ich etwas auf dem Herzen habe – Kummer, Verwirrung, Freude oder einen Triumph –, erzähle ich es meiner Mutter. Sie hat auch ein Talent dafür, mich zu führen. Wenn ich in meinen eigenen Gedanken und Gefühlen feststecke, entwirft meine Mutter in der Regel einen Plan für mich, der funktioniert. Als ich nun über meine erste Reise nach Afrika nachdachte, war diese Fähigkeit sehr nützlich, vielleicht nützlicher als je zuvor.

Eines Tages saßen meine Mutter und ich im Auto und erledigten einige Besorgungen in der Stadt. Ich war traurig, dachte an meine kenianischen Freunde und vermisste sie. »Ich will einfach wieder zurück«, sagte ich zu ihr. »Meinst du, dass ich noch einmal dorthin könnte?«

Im Rückblick war diese Bitte ziemlich egoistisch und kurzsichtig, aber das sagte mir meine Mutter nicht. Sie wies mich auch nicht darauf hin, dass internationale Flüge eine teure Art und Weise sind, in Kontakt zu bleiben. Und sie ließ auch nicht durchblicken, dass Reisen nach Übersee etwas sind, das man mal aus einer Teenager-Laune heraus unternehmen kann. Stattdessen dachte sie eine Minute lang nach.

»Du kannst nicht einfach nur zurückgehen«, sagte sie dann. »Du musst zurückgehen und etwas *tun*.«

»Und was meinst du, was ich tun könnte?«

»Na, du redest doch immerzu davon, dass die kleinen Kinder versuchen, ohne Bleistifte zu schreiben. Ich merke, dass dir diese Geschichte sehr zu Herzen geht.« Und dann machte sie in ihrer sachlichen, direkten Art einen einfachen Vorschlag. Es war eine Idee, die noch jahrelang in unserem Leben, im Leben unserer Familie und Freunde, in unserer Heimatstadt und in Kenia Kreise ziehen würde: »Vielleicht könntest du zurückgehen und etwas dagegen unternehmen.«

KAPITEL 7

» Generation Next «

Motiviert durch die Herausforderung, die meine Mutter an mich gestellt hatte, beschloss unsere Familie, dass sie meinen Vater und mich bei unserer nächsten Reise nach Kenia begleiten sollte. Wir freuten uns aus vielen Gründen darüber, unter anderem wegen der Logistik: Eine dritte Person bedeutete drei Koffer mehr. So konnten wir sehr viel mehr mitnehmen, um den afrikanischen Kindern zu helfen.

Wir glaubten zu wissen, wie wir an Spenden für unsere Reise kämen. Wir dachten, es sollte gar kein Problem sein. Unser Plan war einfach: Wir würden alle großen Supermärkte und auch einige Büromärkte in der Stadt abklappern. Dort würden wir mit dem Marktleiter sprechen, um eine Spende bitten und auch ohne Probleme bekommen. Denn wer konnte schon der Gelegenheit widerstehen, bedürftigen Kindern zu helfen?

Antwort: Viele Leute, wie wir feststellen mussten.

Über die Jahre habe ich gelernt, dass man nie im Voraus wissen kann, welche Türen Gott öffnen wird. Ebenso lässt sich nie voraussagen, welche Türen verschlossen bleiben und warum. Immer, wenn ich denke, dass ich seinen Plan verstanden habe, überrascht er mich unweigerlich.

Das erste Mal, als meine Mutter und ich mit einer großen Spendenanfrage in ein Geschäft gingen, verlief die Begegnung etwa so: Wir baten um ein Gespräch mit dem Marktleiter und warteten dann auf ihn. Als er kam, beschrieb ich ihm so gut wie möglich in 30 Sekunden unsere bevorstehende Reise und warum wir brauchten, was wir brauchten. Ich beendete meine kleine Präsentation mit einem strahlenden Lächeln und einem eigentlich unwiderstehlichen Vorschlag: »Wir wissen, dass Ihr Geschäft jede Menge tollen Schulbedarf hat, und wir sind heute hier, weil wir hoffen, dass Sie etwas davon für diese kenianischen Kinder spenden möchten, die diese Dinge so nötig brauchen. Wären Sie bereit dazu?«

Der Marktleiter nickte ermutigend. Offenbar hatten wir ihn überzeugt.

»Okay, ja – das klingt toll. Das klingt nach einer super Sache. Kommen Sie einfach mit, und ich gebe Ihnen ein Formular, das Sie ausfüllen können.«

Er drehte sich um und führte uns den Gang entlang zum hinteren Teil des Geschäfts. Begeistert gingen wir mit ihm mit.

»Vielen Dank!«, sagten wir. »Wir wissen das sehr zu schätzen.«

»Kein Problem. Ist mir ein Vergnügen.«

Er ging weiter und sagte dann fast nebenher: »Sie brauchen Ihre Steuerbefreiungsnummer. Haben Sie die dabei?«

Unsere Steuerbefreiungsnummer. Warum sollten wir denn eine Steuerbefreiungsnummer haben?

»Was, bitte?«, fragte ich. »Wir haben keine Steuerbefreiungsnummer.«

Er wurde langsamer und blieb dann ganz stehen.

»Oh, okay. Tut mir leid, aber wenn Sie eine Spende beantragen wollen, brauchen Sie eine Steuerbefreiung. Sie haben keinen gemeinnützigen Verein?«

»Ich bin nicht ...«, stotterte ich und schüttelte den Kopf. »Ich habe nichts von alledem.«

Er ließ die Schultern sinken und ich konnte sehen, dass er fast etwas enttäuscht war. »Das tut mir leid, aber wir können nur an steuerbefreite Organisationen spenden. So können wir abschreiben, was wir ihnen spenden.«

Meine Mutter und ich mussten seine Worte und unsere Enttäuschung erst einmal sacken lassen. »Also weil wir keine gemeinnützige Organisation sind, können wir nicht einmal eine Spende beantragen?«, fragte meine Mutter.

Er schüttelte den Kopf. »Tut mir leid. Ich wünschte, ich könnte Ihnen helfen.«

Meine Mutter seufzte. Ich seufzte. Wir dankten dem Marktleiter, dass er sich Zeit genommen und uns die Sache so freundlich erklärt hatte, und gingen wieder. Im nächsten Geschäft sprachen wir mit einem anderen Marktleiter, aber das Gespräch fiel fast identisch aus. Und im nächsten und übernächsten Gespräch war es das Gleiche. Wir brauchten nur ein paar Stunden, um zu erkennen, dass dieses Muster sich in der ganzen Stadt wiederholen würde.

Kurz danach allerdings traf meine Mutter einen Freund unserer Familie. Er wusste, dass wir im folgenden Sommer wieder nach Kenia wollten, also fragte er uns nach dem Stand unserer Reisepläne. Mama erklärte ihm, dass ein Teil ganz gut lief, wir aber Probleme hatten, Sachspenden zu bekommen, weil wir keine steuerbefreite Körperschaft waren.

»Zu dumm. Aber das ist heutzutage eine ziemlich übliche Praxis.«

Plötzlich fiel meiner Mutter ein, dass dieser Freund ja Buchhalter war. »Sag mal, hast du Erfahrungen mit der Gründung von gemeinnützigen Vereinen?«

»Eine ganze Menge sogar.«

»Wirklich? Wie sieht da das Verfahren aus?«

»Also, wenn du dich erst mal durch die Formularflut gearbeitet hast, geht es ziemlich schnell.«

»Wirklich?«

»Ja, wirklich. Ich mache das sogar recht oft. Wisst ihr, wenn ihr das wirklich machen wollt, sagt mir einfach Bescheid. Dann erledige ich den Papierkram für euch.«

Kurz darauf begannen wir, mit der großzügigen Hilfe unseres Freundes, eine gemeinnützige Organisation zu gründen. Als Namen wählten wir »Generation Next«. Der Gedanke dahinter war, einer Generation von Kindern in Kenia eine solide Bildung zu ermöglichen. Diese Bildung sollte ihnen eine Lebensgrundlage bieten, sodass sie später ein eigenes Einkommen und markttaugliche Fähigkeiten in ihre Heimatdörfer und -städte bringen konnten, von denen ihre Familien und die kommende Generation profitieren würden. Je mehr Kindern wir eine gute Bildung ermöglichen konnten, umso höher war die Wahrscheinlichkeit, dass in Zukunft Familien und ganze Dorfgemeinschaften der Armut entfliehen konnten.

Als alle Papiere ausgefüllt und bewilligt waren, war ich im Alter von vierzehn Jahren Leiterin einer gemeinnützigen Organisation. Ich freute mich, nun eine Möglichkeit zu haben, mehr Schulmaterialien für Kenia sammeln zu können. Und darauf beschränkte sich »Generation Next« auch für mich: eine Ein-Mädchen-Operation – ich und meine Familie, die hinter mir stand –, die Spenden für bedürftige afrikanische Kinder sammelte. Keiner von uns erwartete, dass es sich zu etwas Größerem entwickeln würde.

Wieder einmal meinten wir, Bescheid zu wissen. Doch Gott hatte den einen oder anderen Crashkurs zu *seiner* Vision für »Generation Next« für uns in petto – und dazu gehörten einige gewaltige Schlitterpartien.

KAPITEL 8

Operation Teenager

Von Anfang an liefen die Dinge nicht so, wie wir es uns erhofft hatten. Mit meinen frisch ausgestellten Gemeinnützigkeitsunterlagen in der Hand, saß ich an unserem Küchentisch und versuchte, den Spendensammelprozess erneut in Gang zu bringen. Ich rief mehrere Marktleiter in der Stadt an und stellte mich als Gründerin von »Generation Next« vor. Nachdem ich ihnen von unserem Projekt für Kenia erzählt hatte, nannte ich einige Dinge, die wir am meisten brauchten, und fragte, ob sie zu einer Sachspende bereit wären.

Einige von ihnen bejahten das. Dieser Teil war wunderbar. Mehr als einmal hatte ich aber das Gefühl, dass einige der nicht spendenden Marktleiter mich nicht ernst nahmen.

»Es liegt daran, dass ich so jung bin, oder?«, fragte ich meine Mutter. Sie saß neben mir, während ich herumtelefonierte, und unterstützte mich.

»Hoffentlich nicht«, sagte sie. »Ich weiß nicht. Vielleicht.«

Wir beide sanken bei diesem Gedanken etwas zusammen. Dann saßen wir ein paar Minuten lang schweigend da, ein Runzeln auf der Stirn und die Ellenbogen auf dem Tisch. Ich stützte das Kinn in die Hand. Meine Mutter trommelte mit den Fingern. Dann zuckte sie die Schultern.

»Vielleicht kann ich es ja mal versuchen«, sagte sie und griff nach dem Telefon.

Meine Mutter rief einen der Marktleiter an, bei dem ich das Gefühl hatte, abgewimmelt worden zu sein. Sie stellte sich vor, sagte, dass sie mit »Generation Next« zu tun hatte, und beschrieb – so wie ich es getan hatte – kurz unser Projekt, erklärte, was wir brauchten, und bat um eine Sachspende. Ihre Formulierungen waren hier und dort etwas anders als meine, aber im Großen und Ganzen war es fast 1:1 das, was ich gesagt hatte. Als sie auflegte, hatte sie eine Spendenzusage in der Tasche.

Ich hoffte, dass dies eine Ausnahme war, aber das war es nicht. Mehr als einmal rief meine Mutter jemanden an, der mir gerade meine Bitte abgeschlagen hatte, und erhielt eine positive Antwort. Bei einem fast identischen Inhalt unserer Anfragen bekam sie ein Ja, während ich ein Nein erntete.

Mein junges Alter und diese Leitungsposition verunsicherten mich, obwohl »Generation Next« eine so kleine gemeinnützige Organisation war. Ich hatte Sorge, dass die Leute unsere Arbeit meinetwegen nicht ernst nehmen würden. Ich war unsicher, wie ich mit den Finanzen der Organisation umgehen sollte. Ich befürchtete, irgendwann in einem Anfall von Teenager-Emotionen oder Teenager-Apathie mein Interesse an Kenia zu verlieren und das Ganze einzustampfen. Und ich hatte Angst davor, dadurch Menschen im Stich zu lassen.

Wenn also Erwachsene skeptisch die Augenbrauen hochzogen und Marktleiter ihre Entscheidung offenbar nur aufgrund meiner jugendlichen Stimmbänder trafen, war es für mich wie eine Bestätigung aller Zweifel, die ich zu unterdrücken versuchte. Es hieß ja indirekt, dass das größte Hindernis für eine Finanzierung und die Unterstützung unserer Organisation nicht darin bestand, dass wir

klein oder regional beschränkt waren, sondern in *meiner Person* lag.
Ich wusste nicht, wie ich damit umgehen sollte. Ich konnte ja nicht schneller altern oder plötzlich die Meinung der Welt über Teenager ändern. Die einzige vernünftige Option schien manchmal zu sein, jemand anderem das Heft in die Hand zu geben, jemand Älterem, Erfahrenerem. Vielleicht hätten sich unsere Aussichten dann verbessert. Ich spielte jedenfalls mehrmals mit diesem Gedanken. Sicher konnten doch meine Eltern meinen Posten einnehmen? Sie waren vertrauenswürdig, taten sowieso schon viel für »Generation Next«, und sie waren Erwachsene, also würden andere Erwachsene wahrscheinlich positiver auf sie reagieren.

Doch trotzdem bat ich sie nie, die Leitung von »Generation Next« in Betracht zu ziehen, und sie hätten diese Rolle auch nicht akzeptiert. Uns war immer bewusst, dass ein Teenager an der Spitze von »Generation Next« ungewöhnlich und nicht der konventionelle Weg war. Keiner von uns war überrascht, dass unsere Entscheidung auch einige Stolpersteine mit sich brachte. Von Anfang an hatten wir vermutet, dass es Probleme geben würde – und wir hatten die Entscheidung trotzdem getroffen. Ich nehme an, wenn wir daran interessiert gewesen wären, »Generation Next« zu einer an weltlichen Maßstäben gemessen »erfolgreichen« Organisation zu machen, hätten wir den Leiter nach anderen Kriterien ausgesucht. Wir hätten jemanden genommen, der von Montag bis Freitag einen Anzug trägt, jemanden, der auf Augenhöhe mit den großen Spendern war. Außerdem hätte er unbedingt geschäftstüchtig sein und Erfahrung in der Spendenbeschaffung haben müssen. Aber eine Achtklässlerin? Das musste ein Witz sein.

Dennoch änderte das nichts an unseren ursprünglichen Gründen, warum ausgerechnet ich die Verantwortung für die Organisation tragen sollte. Wir alle hatten den Eindruck, dass Gott mir die Liebe zu den kenianischen Kindern ins Herz gelegt hatte, und er hatte mir den Impuls gegeben, mir Möglichkeiten zum Helfen zu überlegen. So war »Generation Next« entstanden. Darum telefonierten wir nach Schulbedarf herum. Also machten wir weiter und baten Gott wieder, uns alles zu geben, was wir brauchten, um in Treue das Projekt zu Ende zu führen. Er musste uns die nötige Kraft und das Durchhaltevermögen schenken, um auf Kurs zu bleiben und darauf zu vertrauen, dass er schon genau wusste, was er tat, wenn er einen Teenager ins Zentrum dieses Unternehmens stellte.

Das tat er auch. Natürlich. Es dauerte nicht lange, bis dieser Umstand nicht mehr zu übersehen war.

KAPITEL 9

Kleine Kinder, große Gaben

Wer den größten Teil seiner Freizeit damit verbringt, Schulbedarf für Kinder aufzutreiben, fängt früher oder später an, über Grundschulen nachzudenken.

Während meine Familie und ich Sachspenden für junge Schüler in Kenia sammelten, kam uns der Gedanke, dass die meisten amerikanischen Kinder jedes Schuljahr mit viel mehr Materialien beginnen, als sie tatsächlich verwenden. Besonders in den kleineren Klassen werden die Kinder im September so mit Bleistiften, Radiergummis und Buntstiften überhäuft, dass sie im Juni immer noch einen Haufen davon übrig haben.

Allein in Branson gab es vier Grundschulen, und jeder einzelne Schüler war mit einer kompletten Liste empfohlener Arbeitsmittel ins Schuljahr gestartet. Es war fast so, als bäten sie »Generation Next« darum, eine Sammlung zu veranstalten. Und vor allem passten Grundschulkinder perfekt zu dem, wofür unsere Organisation sich einsetzte. Wer konnte besser eine Hilfsorganisation für Kinder unterstützen, die von einem halben Kind geleitet wurde? Wer konnte ein besserer Katalysator sein, um Hunderte Kinder zum Spenden zu mobilisieren, als ein etwas älteres Kind?

Mein Bruder Cameron hatte in seiner Basketball-Mannschaft einen Freund, dessen Eltern für den Schulbezirk Branson arbeiteten, und weil unsere Familien die Jungs immer bei ihren Spielen anfeuerten, hatten wir uns ganz gut kennengelernt. Wir erzählten ihnen, dass wir eine Spendenaktion für Schulbedarf für Kenia im Sinn hatten, und fragten sie, was nötig wäre, um eine solche Aktion genehmigt zu bekommen. Sie boten an, die Schuldirektoren im Bezirk um Erlaubnis zu fragen. Das grüne Licht kam dann rasch und problemlos, und ehe wir's uns versahen, sammelte »Generation Next« Sachspenden.

Wir brauchten eine Möglichkeit, die Materialien in den vier Schulen zu sammeln, also besorgten wir uns einige extragroße, stabile Pappkartons. Wir machten mehrere Schilder, auf denen unter einem »Generation Next«-Logo stand: »Hier kannst du deine Schulsachen abgeben!«, und druckten einen Informationszettel für die Lehrer. Dann stellten wir in jeder Schule im Hauptkorridor ein Schild und ein paar Kartons auf und verteilten alle Handzettel. Und nun warteten wir, was passieren würde.

Die Aktion startete Mitte April, kurz vor den Frühjahrsferien und zwei Monate vor den Sommerferien, aber es dauerte nicht lange, bis die Kisten sich füllten. Meine beiden Brüder waren in jenem Jahr noch in der Grundschule, also konnte unsere Familie leicht verfolgen, wie die Sammlung in ihrer Schule voranging. Entweder ließen wir die Jungs nachschauen oder warfen selbst einen Blick in die Kartons, wenn wir meine Brüder brachten oder abholten. Die anderen Schulen waren so freundlich, uns jedes Mal anzurufen, wenn die Kisten voll waren, und dann fuhren wir hin und holten die Materialien ab.

Die Begeisterung für Kenia verbreitete sich sichtlich. Die Kinder legten alle möglichen schönen Schulsachen in unsere Sammelkartons. Wir erfuhren, dass auch manche Lehrer ihre Vorratsschränke ausgeräumt hatten, um so viel wie möglich an »Generation Next« zu spenden. In einer der Schulen bekamen wir sogar noch zusätzliche Werbung: Irgendjemand, wahrscheinlich jemand von der Belegschaft, hatte eine große Afrika-Karte aufgehängt und Kenia mit einem Stern markiert, damit Kinder und Eltern sehen konnten, wohin ihre Spenden gingen.

Als die letzte Woche des Schuljahres anbrach, war klar, dass wir entweder das Haus umräumen mussten oder keinen Platz für all die gespendeten Materialien haben würden. Eine Weile schon hatten wir unsere Beute an verschiedenen Stellen im ganzen Haus aufgestapelt, aber dieses planlose Stapelsystem nahm langsam überhand.

Eines Tages also, als wir eine Abhol-Tour für die Sammelkartons vor uns hatten, fuhren meine Eltern beide Familienautos aus der Garage und wir fegten gründlich den Boden. Dann holten wir die vier riesigen Kisten gespendeter Schulmaterialien ab. Als wir sie nach Hause brachten, blieben beide Autos draußen und das allererste »Generation Next«-Hauptquartier war eröffnet. Als wir die gesamte Ladung sortiert hatten, hatten wir beutelweise Bleistifte und kistenweise meist neue Wachsmalstifte. Wir hatten Filzstifte, Buntstifte, Scheren, Radiergummis, neue Hefte und Schreibblöcke und ungeöffnete Packungen Papier – und das waren nur die Reste am Schuljahresende von *einigen* Kindern in unserem Schulbezirk. Es war eine verblüffende Erinnerung daran, in welchem Überfluss viele Haushalte in der westlichen Welt ständig leben.

»Weißt du«, bemerkte mein Vater, als wir die Materialien sortierten, »in den meisten Familien hier wären diese Sachen am letzten Schultag mit nach Hause genommen worden und über den Sommer in irgendeiner Schublade verschwunden. Im Herbst hätte sich niemand mehr daran erinnert und man hätte für das neue Schuljahr neue Materialien gekauft.«

Er hatte recht; so war es jedenfalls immer in unserer Familie gewesen, und bei den meisten unserer Freunde ebenso. Wir alle hatten irgendwo eine Schublade voller gesammelter Werke an Bleistiften und Stiften – einen guten Vorrat an Schreibutensilien. Aber wenn der Kalender jedes Jahr auf dem September landete und die Listen für die Schulmaterialien ausgegeben wurden, dachte keiner von uns daran, sich an unseren kaum benutzten Vorräten zu bedienen. Stattdessen kauften wir meistens neue Materialien. In manchen Jahren warfen wir sogar Schultaschen weg, die noch völlig in Ordnung waren, und ersetzten sie durch neue. Gemessen an dem Inhalt der Sammelkartons, die wir abgeholt hatten, war es bei vielen anderen Kindern in der Gegend ebenso.

Insgesamt hatten wir etwas über 200 Schultaschen gesammelt und jede Menge Materialien, um sie damit zu füllen. Manches davon war Neuware, gespendet von Freunden und Geschäften, die wir angesprochen hatten. Doch den größten Teil hatten Grundschüler beigesteuert! Was für ein wunderschönes Bild: Kinder, die Kindern helfen. Kinder, die etwas über die Nöte anderer Kinder erfahren und dann etwas dagegen unternehmen. Es passte mehr und besser zu unserem Vorhaben, als wir es je beabsichtigt hatten.

Als wir das Projekt »Generation Next« genannt hatten, hatten wir nur eine »nächste« Generation im Sinn, in einem bestimmten geografischen Gebiet: Kinder in Kenia. Unsere Organisation wollte ihnen helfen und dienen, sodass sie ihrem eigenen Umfeld helfen und dienen konnten, besonders in ein paar Jahren. Doch jetzt arbeiteten wir auch auf unserer Seite mit einer »nächsten« Generation: Wir halfen, Kinder in unserer Gegend zu mobilisieren, um uns bei unserem Projekt zu helfen.

Und zu unserer Überraschung wollten einige von ihnen ganz besonders und ganz persönlich helfen.

KAPITEL 10

Kindermissionare

Kurz nach meiner Rückkehr von meiner ersten Reise nach Kenia organisierten meine Freundin Hadley und ich eine Veranstaltung in Branson, um auf die Zustände in einem anderen ostafrikanischen Land aufmerksam zu machen. Wir hatten erfahren, dass im Norden Ugandas ein brutales Regime Chaos anrichtete. Unter anderem vertrieb es gewaltsam Familien aus ihren Häusern und Gemeinschaften. Mit das Schlimmste an dieser Tragödie war, dass die meisten Menschen auf der Welt keine Ahnung hatten, was dort vor sich ging. Die Opfer waren hauptsächlich arm und schutzlos und hatten kaum jemanden, der auf der Weltbühne für sie eintrat.

Hadley und mich schmerzte diese Ungerechtigkeit zutiefst. Wir fanden, dass diese vertriebenen Menschen eine Stimme verdienten, so wie jeder andere, also wollten wir etwas dazu beitragen, um die Situation bekannt zu machen. So wie viele junge Menschen zu der Zeit ihre Stimme gegen diese Tragödie erhoben, planten auch Hadley und ich eine Über-Nacht-Veranstaltung, um uns selbst und anderen einen kleinen Eindruck davon zu verschaffen, was es heißt, vertrieben zu sein. Wir holten einige notwendige Genehmigungen ein, sprachen unter anderem mit der Schulleitung und überzeugten unsere Eltern, die Aufsicht zu übernehmen. Dann luden wir unsere Mitschüler ein, eine ganze Nacht auf einer Wiese unserer örtlichen

Grundschule zu verbringen. Die Voraussetzungen waren einfach und billig: Jeder brachte einen Pappkarton mit, und wir würden aus unseren Kartons Behausungen zum Übernachten bauen. Die Beteiligung war relativ gut; viele unserer Mitschüler und sogar ein paar zusätzliche Eltern nahmen daran teil. Keiner von uns war begeistert bei der Aussicht, in einer Papphütte zu schlafen, und wir sprachen viel darüber, wie es wohl wäre, wenn wir es tatsächlich *müssten*.

Während es draußen immer dunkler wurde, sprachen Hadley und ich lange über meine Zeit in Kenia. Ich wusste zu dem Zeitpunkt noch nicht sicher, ob ich noch einmal dorthin reisen würde, also sprach ich hauptsächlich über das, was ich erlebt hatte. An jenem Abend, an dem wir uns besonders auf die Nöte schutzloser Menschen in Ostafrika konzentrierten, kam es mir nur passend vor, über die Armut zu sprechen, die ich in Kenia gesehen hatte. Ich erzählte Hadley von den Babys in den Plastikkisten, von den Kindern, die draußen auf der Straße spielten, und von dem Klassenzimmer voller Schüler, die sich einen Stift und einen Bleistift teilten. Ich erzählte ihr, was für ein schreckliches Gefühl es war, statt etwas Nützlicherem nur Spielzeug verschenkt zu haben. Ich erzählte ihr auch davon, wie gerne ich wieder dorthin zurückgehen wollte.

Einige Monate später, als ich dann sicher wusste, dass ich wieder nach Kenia fliegen würde, erinnerte ich mich an jenen Abend auf der Schulwiese und daran, wie Hadley und ich uns über Erinnerungen an Kenia und Träume von Ostafrika nähergekommen waren. Es war mir wichtig, ihr in der Schule zu erzählen, dass ich wieder nach Afrika fliegen würde.

»Wirklich?« Sie klatschte begeistert in die Hände. »Ich freue mich riesig für dich!«

»Danke; ich freue mich auch sehr!«

Wir unterhielten uns eine Weile darüber, was meine Eltern und ich planten, und unser Gespräch wurde immer lebhafter. Schließlich konnte Hadley ihre übersprudelnden Gefühle nicht mehr im Zaum halten.

»O«, rief sie aus, »ich wünschte, ich könnte mitkommen!«

»Mensch, das wäre doch cool, oder?«

»Echt cool!«, nickte sie.

Eine kleine finstere Falte bildete sich an ihren Mundwinkeln. Wir schauten einen Moment lang den Flur hinunter und waren ein bisschen traurig. Dann hatte ich plötzlich eine Idee.

»Hey, wenn du willst, könnte ich ja vielleicht meine Eltern fragen, ob du mitkommen kannst!«

Hadley klappte der Unterkiefer herunter. »Wirklich? Könntest du das machen?«

»Klar. Ich meine, ich weiß nicht, ob sie Ja sagen, aber fragen kostet nichts.«

Sie sprang auf und ab und umarmte mich. »Das wäre toll! Ach, jetzt will ich wirklich, wirklich nach Kenia!«

Zu Hause sprach ich noch am gleichen Abend mit meinen Eltern. Hadley und ich waren schon lange befreundet, ebenso wie unsere Familien. Wenn irgendjemand die Chance hatte, mit uns zu kommen, dann jemand wie sie. Dennoch wusste ich, dass es eine möglicherweise heikle Idee war, meine Eltern zu bitten, auch noch für sie »Babysitter« zu spielen. Sie war ein Teenager aus einer anderen Familie, und unsere Reise brachte alle möglichen potenziellen Risiken mit sich: ein Flug ins Ausland, die afrikanische Tierwelt und fast zwei Wochen ehrenamtliche Arbeit im Busch von Kenia. Eine weitere Minderjährige bei einer solchen Reise bedeutete eine große zusätzliche Verantwortung für meine Eltern.

Aber als ich meine Mutter fragte, war ihre Reaktion so positiv, wie Hadley und ich es uns gewünscht hatten. Sie regte sich nicht auf und sagte, sie und mein Vater würden darüber nachdenken. Diese Nicht-Ablehnung beflügelte mich, denn sie bedeutete, dass es wenigstens eine Chance gab!

Meine Eltern beteten und redeten darüber. Sie wägten die potenziellen Gefahren ab und besprachen, wie eine vierte Person sich auf die Logistik unserer Reise auswirken würde. Es gab viele Dinge, bei denen wir vorsichtig vorgehen mussten, und das wussten meine Eltern auch – aber es schrillten auch keine größeren Alarmglocken los. Also sprachen wir mit Hadleys Familie in allen Einzelheiten über die Auslandsreise, die ehrenamtliche Arbeit in Kenia, die notwendigen Gebühren und Kosten und was sonst alles noch dazugehörte. Am Ende fühlten wir uns alle wohl mit dem Gedanken, dass Hadley mit uns reisen würde, und alle vier Elternteile gaben grünes Licht.

Möglicherweise gab es danach nie wieder zwei Personen, die sich so sehr freuten wie Hadley und ich! Immer, wenn wir zusammen waren, war es, als hätte jemand unsere Stimmbänder ein paar Gänge hochgeschaltet. Wir waren so aufgedreht, dass unsere Worte und unsere Stimmen sich fast überschlugen. Stundenlang sprachen wir darüber, was wir mitnehmen würden. Wir steckten unsere Nasen in Online-Satellitenbilder von Kenia und Fotos von meiner ersten Reise. Begeistert machten wir uns daran, weitere Geldspenden sowie Sachspenden von Firmen aufzutreiben. Wir konnten es kaum erwarten, Flugtickets zu buchen und unser Abreisedatum zu bestätigen, denn dann konnten wir einen »Kenia-Countdown« starten. Wir freuten uns sogar auf unsere Reiseimpfungen! Wir hatten mehr als genug Begeisterung für uns beide, und so war es für uns nur wenig überraschend, dass diese Begeisterung Kreise zog.

Hadley und ich hatten einen Freund, Gio, der mit uns in die Schule ging und dessen Familie zur gleichen Gemeinde wie meine Familie gehörte. Gio und seine Eltern wussten genau über »Generation Next« und unsere Aktivitäten in Kenia Bescheid. Sie fanden es wunderbar, dass wir zusammen eine neue Kultur erleben und uns dort engagieren wollten. Als sie also davon hörten, dass Hadley uns auf unserer zweiten Reise begleiten würde, überlegten sie, ob vielleicht weitere Plätze in unserer »Reisegruppe« frei wären. Gio wollte auch mitkommen!

Ehe wir's uns versahen, führten wir erneut detaillierte Gespräche über Reisen und ehrenamtliche Arbeit und Finanzen, und unsere kleine Gruppe wuchs von vier auf fünf an. Was als Familien-Ehrenamts-Projekt begonnen hatte, war binnen weniger Monate zu einem Gruppenprojekt geworden, in dem drei verschiedene Haushalte vertreten waren. »Generation Next«, das wir lediglich als Werkzeug zum Einwerben von Spenden gedacht hatten, hatte nicht nur erfolgreich Spenden eingebracht. Wir organisierten nun sogar einen Übersee-Missionseinsatz für drei Jugendliche. Und dabei würden wir auch Hunderte Schulkinder aus Branson repräsentieren.

Unsere kleine Mannschaft hätte begeisterter nicht sein können! Wir hatten zehn Hände zur Verfügung statt nur sechs, und wir hatten 15 Koffer statt neun, die wir mit Schulsachen füllen konnten. Die Reise würde spektakulär werden, da waren wir uns alle sicher. Das einzige Problem war, dass wir immer noch nicht genau wussten, wohin in Kenia wir fünf und alle unsere Koffer gehen würden, oder wie wir dorthin gelangen sollten.

KAPITEL 11

Mumo

Wir dachten, dass wir wieder nach Bomet gehen würden. Die einzigen Personen, mit denen wir in Kenia gearbeitet hatten, waren dort, und so traf sich diese Entscheidung praktisch von selbst. Wir rechneten damit, wieder in Tenwek und Mosop auszuhelfen. Wir wollten aber auch noch zu einigen anderen Schulen fahren; um alle unsere mitgebrachten Materialien zu verteilen. Die Herausforderung bestand darin, zuverlässige, vertrauenswürdige Partner zu finden, die helfen konnten, uns herumzuchauffieren, uns unterzubringen und zu organisieren, dass wir unsere Arbeit im Land tun konnten. Wir wussten: Das war eine lange Liste. Doch bei unserer ersten Reise hatten mein Vater und ich einige gute Freundschaften mit Missionaren und Entwicklungshelfern geschlossen, und die meisten von ihnen hatten gute Verbindungen vor Ort. Wir hatten allen Grund zu glauben, dass wir mit ihrer Hilfe alles organisieren konnten. Und eine Weile sah es auch ganz danach aus.

Der Direktor des Mosop-Schul- und Waisenhauszentrums und seine Frau wollten uns gern wieder bei sich wohnen lassen, und sie freuten sich, dass wir ihre Schule besuchen wollten. Da wir auch für die Fahrten bezahlen wollten, sagten sie uns, dass die Beförderung kein Problem wäre. Nach nur wenigen E-Mails wussten wir, dass wenigstens für den Teil unserer Reise, der Mosop betraf, alles geregelt war. Doch die Arbeit in Mosop würde nicht uns alle zweieinhalb Wochen lang beschäftigen, und leider ging es mit den anderen Orten nicht annähernd so gut voran.

Aus irgendeinem Grund konnten wir keine Unterkunft in Bomet finden, ganz gleich, wie sehr wir oder unsere kenianischen Freunde sich bemühten. Das war unglaublich frustrierend, weil mein Vater und ich wussten, dass die Missionare dort freundlich und großzügig waren. Und da wir schon einmal in einem der Ärzte-Apartments gewohnt hatten, wussten wir auch, dass es genügend Platz gab, um ein paar Tage lang fünf zusätzliche Personen unterzubringen. Eigentlich hätte alles zu unseren Gunsten laufen müssen – da waren wir uns ganz sicher.

Wir kontaktierten alle Freunde, die mein Vater und ich bei unserer ersten Reise gewonnen hatten. Onkel Logan und Tante Julie, die mittlerweile in die USA zurückgekehrt waren, nahmen ebenfalls für uns Kontakt zu ihren Freunden auf. Jeder, mit dem wir sprachen, wollte gern helfen, aber bei jedem gab es auch Probleme, weshalb er uns nicht selbst unterbringen konnte. Viele würden Kenia noch vor unserer Ankunft verlassen. Einige waren zu der Zeit, in der wir vor Ort sein würden, auf Reisen. Andere wussten bereits, dass sie andere Gäste haben würden. Jeder, der uns absagen musste, nannte uns jemand anderen, der vielleicht helfen könnte, aber wenn wir mit diesen Personen Kontakt aufnahmen, landeten wir immer wieder in Sackgassen.

Wochen vergingen. Monate vergingen. Wir alle glaubten, dass Gott unsere Gruppe zusammengebracht hatte, weil er uns in Kenia haben wollte, und wir alle glaubten, dass er bereits einen ausgefeilten Reiseplan für uns hatte. Wir brauchten uns wegen der klaffenden Lücken in unserem Plan keine Sorgen zu machen, oder? Doch die Ungewissheit wurde langsam zum Stressfaktor.

Dann kam eines Tages in der Schule meine Freundin Ali zu mir. Sie wusste, dass ich nach Kenia gehen würde, und wollte mir von ihrer Tante erzählen, die dort einen Teenager finanziell unterstützte. Sein Name war Mumo und Ali sagte, sie habe ihm schon von mir erzählt. Er wollte mein Facebook-Freund werden, weil er gehört hatte, dass ich ein Herz für kenianische Kinder habe.

»Okay, gut«, sagte ich. »Bestimmt wäre es gut, wenn er und ich uns mal ein bisschen unterhalten.«

Wenn ich auch nur geahnt hätte, was Gott vorhatte, hätte ich es vor Aufregung vielleicht gar nicht ausgehalten. Das Schöne daran, Gott bei der Arbeit zuzusehen, ist, dass seine Wege so ganz anders sind als unsere, dass seine Manöver oft fast wie aus dem Nichts zu kommen scheinen. Selbst wenn wir mit Gebet und im Glauben tun, was wir meinen tun zu sollen, gibt es immer noch Situationen, in denen Gott etwas ganz anderes vorhat.

Einige Tage nach dem Gespräch zwischen Ali und mir erschien Mumos Freundschaftsanfrage auf meiner Facebook-Seite. In seinem Profil schrieb er, dass er in Kibwezi lebte. Ich tippte »Kibwezi« in meine Suchmaschine und fand heraus, dass dieser Ort im Osten Kenias liegt, zwischen Nairobi und dem Indischen Ozean. Meine Freunde in Bomet waren auf der anderen Seite der Hauptstadt, mehr hin zum Landesinneren. Von Mumo zu allen anderen, die ich in Afrika kannte, war es eine Autofahrt von gut sechseinhalb Stunden.

Nach und nach lernten Mumo und ich uns etwas kennen. Wir stellten uns gegenseitig ein paar Fragen und erzählten uns ein wenig voneinander. Dann erinnerte Mumo mich daran, dass »Generation Next« ihn immer gern in Kibwezi besuchen dürfe, wo er dank der Unterstützung der Tante meiner Freundin zur Schule ging. Für mich war es unlogisch, so weit in die entgegengesetzte Richtung von dem Ort zu fahren, an dem wir eigentlich arbeiten wollten. Wir konnten nicht nach Osten gehen, weil wir bereits wussten, dass wir nach Westen gingen; wir warteten nur, dass sich bei einem unserer Kontakte in Bomet etwas ergab. Doch Mumo und ich unterhielten uns weiter, und er erzählte mir von »Namba«, der gemeinnützigen Organisation, über die seine Patenschaft lief. Wir lernten einander ganz gut kennen, und es war schön, ihn als Freund zu haben, selbst wenn wir uns nicht in Ostkenia treffen würden.

Doch dann waren vier Monate seit meinem ersten Online-Chat mit Mumo vergangen. Es waren nur noch zwei Monate bis zu unserer geplanten Reise. Unser Team hatte an jede kenianische Tür geklopft, und immer noch nicht waren für Bomet auch nur die grundlegendsten Dinge geklärt. Wir fünf dachten langsam, dass wir vielleicht einen anderen Ansatz brauchten. Sollten wir vielleicht nach Kibwezi gehen? *Konnten* wir das?

Meine Eltern und ich hatten schon einige Nachforschungen über den Verein »Namba« und dessen wohltätige Arbeit angestellt, und so wussten wir, dass er ausschließlich in Kibwezi arbeitete und dort gute Dinge tat. »Namba« war gerade dabei, ein Haus zu bauen, das hoffentlich einmal ein Waisenhaus werden würde. Der Verein hatte auch ein Langzeit-Patenprogramm (Mumo war einer der Stipendiaten), eine regelmäßige medizinische Sprechstunde und einige nachhaltige landwirtschaftliche Projekte vor Ort. Robin, die Gründerin, lebte zehn von zwölf Monaten im Jahr in den USA und reiste in den restlichen zwei nach Kibwezi, um die Projekte von »Namba« persönlich zu betreuen.

Meine Eltern und ich wechselten einige E-Mails mit Robin. Wir erzählten ihr von unserer Arbeit und unserer neuen Bekanntschaft mit Mumo, und es dauerte nicht lange, bis wir miteinander telefonierten. Wir sprachen mit ihr über unseren Wunsch, Schulkindern in Kenia zu helfen, und fragten sie, ob wir das eventuell in Kibwezi tun konnten.

»Natürlich. Es gibt viele Schulen dort. Meine Kontakte von ›Namba‹ könnten Ihnen eine ganze Reihe Schulbesuche vermitteln.«

»Wow, das wäre toll.«

»Und in der Stadt gibt es auch ein kleines Gästehaus, in dem Ihre Gruppe wohnen könnten. Wir könnten auch für Sie arrangieren, dass Sie vom und zum Flughafen in Nairobi kommen, und Ihnen ein Auto bereitstellen, während Sie hier sind.«

»Wow. Wir ... ähm – danke! Das könnte klappen.«

Wir versprachen Robin, uns bald wieder bei ihr zu melden. Als wir auflegten, saßen wir drei verblüfft da und staunten über das, was gerade geschehen war. Bis dahin hatten wir nicht begreifen können, warum Gott uns die Tür nach Bomet zu verschließen schien. Wir waren überzeugt, dass er Arbeit für uns in Kenia hatte, und wir dachten, dass Bomet unsere einzige Möglichkeit war. Doch dann öffnete Gott eine Tür in Kibwezi, kräftig und unübersehbar.

Wir recherchierten noch ein wenig weiter. Wir kontaktierten unsere Freunde in Tenwek und Mosop, um uns zu entschuldigen und zu sagen, dass sich unsere Pläne unerwartet geändert hatten. Dann buchte unsere Gruppe fünf Flüge nach Nairobi und zurück, und ich schrieb eine besonders aufregende Nachricht an meinen neuen Freund in Kibwezi.

»Hallo Mumo, rate mal, was passiert ist! Wir kommen dich besuchen!«

KAPITEL 12

Von Westen nach Osten

Die Reise nach Kibwezi dauerte zwei Tage. Für ein solches Reiseziel ist das ganz normal. In Branson gibt es keinen großen Flughafen, und deswegen beginnt eine Reise immer – ganz gleich, von wo man abfliegt – mit einer einstündigen Autofahrt. Dann folgen ein oder zwei Flüge (oder mehr), um über den Atlantik zu kommen, meist nach Amsterdam. Danach nimmt man mindestens noch einen Flug bis Nairobi, wo man bei der Einreise Zeit für die Pass- und Zollkontrolle braucht.

Mit unserem Team und all unseren Koffern dauerte auch die Einreise eine ganze Weile. Die Beamten an kenianischen Flughäfen fragen schon einmal nach einer Bezahlung für die Erledigung ihrer Arbeit – man kann es ohne Weiteres auch »Schmiergeld« nennen – und so verläuft das gesamte Verfahren von Natur aus nicht besonders schnell. Wenn wir dann durch den Zoll sind, haben wir meist bereits zwanzig Stunden in der Luft und weitere zehn bis zwanzig Stunden in Flughafenhallen verbracht. Unsere innere Uhr muss mit der Zeitverschiebung von acht Stunden kämpfen, und niemand weiß, welche Tages- oder Nachtzeit wir gerade haben. Und dann liegt noch eine vierstündige Autofahrt zu unserem endgültigen Ziel vor uns. Es ist eine Mammuttour, ganz gleich, wie man sie aufteilt.

Als wir zum zweiten Mal auf dem Flughafen von Nairobi landeten, hatten wir über vierzig Stunden damit zugebracht, Flughafenessen zu konsumieren, Nickerchen auf Flughafenmöbeln und -böden zu machen und unser Handgepäck herumzuschleppen. Unsere Körper schrien nach Bewegung und ordentlichem Schlaf. Am Anfang der Reise hatte ein emotionsgeladener Abschied von unseren Familien gestanden. Bei der kenianischen Einreisekontrolle mussten wir die zehn Bibeln abgeben, die wir mitgebracht hatten. Doch dann waren plötzlich alle unsere Reisepässe abgestempelt und genehmigt, und wir durften zusammen das Flughafengebäude verlassen. Es war wunderbar.

»Riley! Lucas! Tracy!«

Mumo war leicht zu erkennen. Er sprang auf und ab, winkte, rief und kicherte in der unteren Etage des Flughafengebäudes, während wir von oben zu ihm hinunterliefen. Ich erkannte ihn sofort. Trotzdem konnte ich es kaum glauben, als ich ihn sah und hörte: Wenn ich nicht gewusst hätte, dass er Anfang zwanzig war, hätte ich ihn auf zwölf oder dreizehn geschätzt. Der Mann, der bei ihm stand, ragte hoch über ihm auf.

Das muss Burgwin sein, dachte ich.

Ursprünglich hatten wir in unseren ersten Gesprächen mit Robin von Burgwin erfahren. Wir hatten darüber geredet, was wir in Kenia erreichen wollten, und uns war klar, dass Robin während unserer Zeit in Kibwezi noch in den USA sein würde. Daher wollte sie uns einen guten Kontakt vor Ort vermitteln, jemanden, der sich um uns kümmern und überall hinbringen konnte, wo wir hinmussten. Als Robin hörte, dass wir jungen Schülern helfen wollten, hatte sie uns sofort Burgwin empfohlen. Und als sie einige seiner Charaktereigenschaften und Fähigkeiten aufzählte, dachten wir uns schon, dass er gut zu uns passen würde.

Burgwin ist ausgebildeter Sozialarbeiter. Seine Aufgabe ist es, in und um Kibwezi herum unterwegs zu sein und mit Kindern in verschiedenen Schulen der Region zu arbeiten; daher hat er einen guten Kontakt zu vielen Pädagogen vor Ort. Außerdem beherrscht er gut genug Englisch, um dolmetschen zu können. Robin konnte ihn uns guten Gewissens empfehlen, weil er oft bei »Namba«-Projekten half; sie konnte persönlich für seine Arbeitsmoral und Zuverlässigkeit bürgen.

Burgwin hatte sich extra freigenommen, damit er uns an den meisten Tagen begleiten und für uns übersetzen konnte. Er hatte außerdem unsere Zimmer in Kibwezi gebucht und Termine mit allen Schulen arrangiert, die wir besuchen wollten. Er hatte sogar organisiert, dass wir in einer Schule eine dreitägige Ferienbibelschule für die Schüler veranstalten durften. Außer für unsere Flugbuchung und für die Sammlung von Schulmaterialien in den USA hatten Burgwin und Mumo für alles gesorgt, was für unseren Besuch nötig war.

Wir hatten Mumo gebeten, sich schulfrei zu nehmen und uns während unserer Zeit in Kenia zu begleiten, und er hatte zugestimmt. So waren wir – unseren Fahrer mitgezählt – acht Personen, die nach Kibwezi fuhren, und dazu neun oder zehn Stücke Handgepäck und große Koffer. In weiser Voraussicht hatte Burgwin einen Fahrer mit einem Kleinbus engagiert, doch selbst in dem großen Fahrzeug mussten wir einige Koffer auf dem Dach festzurren.

Die Straße, die uns geradewegs aus Nairobi herausführte, war die Mombasa Road, benannt nach der Hafenstadt Mombasa, die an der kenianischen Küste am Indischen Ozean liegt. Im Jahr zuvor hatten mein Vater und ich Nairobi in die entgegengesetzte Richtung verlassen: nach Nordwesten, auf den Viktoriasee und die saftig grünen Gegenden seiner Umgebung zu. Die Mombasa Road führte uns in eine ganz andere Landschaft – obwohl wir das in der Dämmerung nicht sehen konnten. Und selbst wenn es hell gewesen wäre, wären wir wahrscheinlich ohnehin nicht wach gewesen.

Es war fast dunkel, als wir losfuhren, und die meisten von uns verschliefen den größten Teil der Fahrt. Irgendwann waren Hadley und ich gleichzeitig wach und schauten hinaus, als die Scheinwerfer unseres Kleinbusses die Schrift auf einem Straßenschild anleuchteten, das uns darüber informierte, dass Kibwezi weniger als dreißig Kilometer entfernt war. Als wir begriffen, dass wir in einer knappen Viertelstunde ankommen würden, konnten wir diese Neuigkeiten unmöglich für uns behalten. Ich stupste meine Eltern an, und Hadley weckte Gio und Mumo. Wir alle waren sehr aufgeregt, und von da an wurde im Kleinbus nicht mehr geschlafen.

Auf der letzten Strecke unterhielten wir uns angeregt über die Arbeit, die wir bald tun würden. Es war noch zu dunkel, um viel von der Gegend draußen zu sehen, und so bombardierten wir Mumo und Burgwin mit Fragen über die Umgebung Kibwezis. Einige von uns öffneten ihre Rucksäcke, um ihnen etwas von dem Spielzeug und den Schulmaterialien zu zeigen, die wir zum Verschenken mitgebracht hatten. Ehe wir's uns versahen, wurde das Auto langsamer und bog nach links von der Mombasa Road ab.

Mumo beugte sich vor und deutete nach vorn. »Das ist Kibwezi«, sagte er mit einem stolzen, strahlenden Lächeln.

Das Dorf war klein; nach wenigen Minuten und drei Mal Abbiegen waren wir an unserem Ziel angelangt, das am anderen Ende des Ortes lag. Der Kleinbus hielt vor einem großen Eisentor. Unser Fahrer kündigte unsere Ankunft über die Gegensprechanlage an. Wenige Sekunden später öffnete sich das Tor zu dem Komplex und wir fuhren auf den Parkplatz am Kambua-Gästehaus, unserer Unterkunft in Kibwezi.

Kambua ist etwa so groß wie ein Einfamilienhaus in den USA. Ein Wohnzimmer in der Mitte teilt das Gebäude, und auf beiden Seiten führen Korridore zu verschiedenen Zimmern. Die Gästezimmer sind alle identisch: Es gibt ein Doppelbett, ein kleines Regal, das gleichzeitig der Nachttisch ist, einen Schreibtisch und ein Bad. Wer eine Couch sucht oder eine gute Aussicht will, muss in einen der Gemeinschaftsräume gehen. Neben dem zentralen Wohnzimmer gibt es eine Küche, einen kleinen Versammlungsraum und draußen eine Terrasse.

Kibwezi war das Afrika, das ich mir immer vorgestellt hatte. Das Land war flach und trocken. Die Bäume waren niedrig, spärlich belaubt und weit ausladend. Den Boden bedeckte ausgetrockneter, roter Lehm. Alles wirkte unerklärlich »richtig« auf mich.

Während unserer ersten Mahlzeit in Kambua – die aus einem Ei pro Person, etwas Obst und getoastetem Weißbrot mit Butter bestand – stellten wir Mumo Fragen über Kibwezi. Er erklärte uns die geografische Lage und den Alltag im Ort. Kibwezi. war klein, aber es hatte eine Post, eine Polizeiwache und einige Kirchen. Mumo deutete in eine Richtung und erklärte, dass dort, im Osten, die Küste lag. Dann zeigte er mit der Hand in eine andere Richtung, etwa in einem 90-Grad-Winkel zur ersten.

»Dort liegt der Kilimandscharo«, sagte er. »An klaren Tagen kann man ihn sehen.«

Wir machten *Oooh* und *Aaah*, und einige Minuten lang blinzelten wir hinaus in die Ebene und versuchten, die Silhouette des Berges auszumachen. Die Luft war so heiß und trocken, dass der Bereich direkt über dem Horizont eine einzige flackernde optische Täuschung bildete. Ich konnte es zu dem Zeitpunkt noch nicht wissen, doch diese Aussicht war ein passendes Bild für die zwei Wochen, die vor uns lagen. Inmitten wunderbarer Helligkeit gibt es oft beunruhigende Finsternis. Und doch bricht oberhalb, rundherum und durch diesen undeutlichen Schleier hindurch das Tageslicht an.

Hadley und ich in unserem Gästezimmer

KAPITEL 13

Die Sache mit den Boda-Bodas

Am nächsten Tag gab es viel Händeklatschen und viele strahlende Gesichter, und eine Menge nervöser Aufregung lag in der Luft. Es war Sonnabend, unser erster ganzer Tag in Kibwezi, und Burgwin hatte für uns einen Besuch in einem nahe gelegenen Waisenhaus organisiert, das gleichzeitig als Schule diente. Wir konnten es kaum erwarten, dort Zeit mit den Kindern zu verbringen. Nach einem weiteren Ein-Ei-Frühstück in Kambua versammelten Mumo und wir fünf Amerikaner uns voller Tatendrang im Wohnzimmer des Gästehauses, mit einem Berg Ausrüstung zu unseren Füßen.

Am Nachmittag zuvor hatten wir unsere persönlichen Rucksäcke und einige Reisetaschen mit Schultaschen gefüllt, die wir wiederum mit allen möglichen Dingen bepackt hatten. Jedes Kind im Waisenhaus sollte eine Bibel, ein Schulheft, einige neue Bleistifte, einen Bleistiftspitzer und eine Packung Filzstifte oder Buntstifte in seiner neuen Schultasche haben. Wir brachten außerdem ein paar unaufgepumpte Fußbälle und Ballpumpen mit, die alle im Waisenhaus sich teilen konnten. Es war nur ein Bruchteil der Ladung, die wir mitgebracht hatten, aber es war ein Anfang und wir waren ganz aufgedreht. Nach monatelanger Arbeit sollten nun die in den USA gespendeten Schulsachen in die Hände der kenianischen Kinder gelegt werden.

»Wie spät ist es?«, fragte ich und schaute mich nach einer Uhr um. Mein Vater schaute auf seine Armbanduhr. »Zehn Uhr dreiundzwanzig.«

»Okay«, seufzte ich und versuchte, nicht zu nervös zu sein. Mein Vater zuckte die Schultern und lächelte mir wissend zu. Wir hatten dieses Phänomen bereits im Jahr zuvor erlebt: In Kenia ist »sofort« ein eher dehnbarer Begriff.

Wir warteten noch ein wenig auf unser »Taxi«, machten währenddessen einige Fotos und überprüften unsere Taschen, um uns zu beschäftigen. Zweimal. Etwa fünfunddreißig Minuten nach unserer vereinbarten Zeit – gar nicht so schlecht für kenianische Verhältnisse – trafen Burgwin und unsere Fahrzeuge mit lautem Getöse und dröhnenden Motoren ein.

Taxis haben in Kenia meist nur zwei Räder. Wenn man irgendwohin möchte und es ist zu weit zum Laufen, nimmt man sich ein *Boda-Boda*, ein einfaches, motorisiertes Moped mit einem langen Sitz, der über dem Hinterrad montiert ist. Die Bezeichnung Boda-Boda stammt von einem frühen (vielleicht sogar frühesten) Einsatz dieser Fahrzeuge in Kenia. Damals an der Grenze zu Uganda wollten viele Reisende nicht zu Fuß durch das Niemandsland zwischen den Grenzposten beider Länder gehen. Traditionelle Taxis erforderten aber viele spezielle Papiere und Genehmigungen, um in dieser Gegend fahren zu dürfen. Einige Fahrer kamen daher mit ihren Mopeds und boten Mitfahrgelegenheiten auf den langen Sitzen an. Die Motorräder konnten ohne Papierkrieg durchs Niemandsland fahren, und weil sie so wenig Benzin brauchten, konnten sie Menschen gegen eine nur kleine Gebühr von Grenze zu Grenze bringen (oder Boda-Boda, wie der englische Ausdruck »border to border« dort ausgesprochen wurde).

Es überraschte nicht, dass sich die Boda-Bodas über ganz Kenia ausbreiteten. Ein großer Teil des Landes ist gut geeignet dafür, besonders in den ländlichen Gegenden, in denen die meisten Menschen kein Fahrzeug brauchen und/oder es sich nicht leisten können. Wenn die Einheimischen auf ein Motorrad-Taxi steigen und so gut an ihr Ziel gelangen können, ist das wahrscheinlich auch für Ausländer eine praktische Sache. Die meisten reisenden Amerikaner (wenn sie sich denn auf diese kulturelle Erfahrung einlassen) stellen jedenfalls fest, dass ein Boda-Boda ein ziemlich gutes Fortbewegungsmittel ist.

»Guten Morgen!« Burgwin kam lächelnd und mit einer überschwänglichen Geste ins Haus gesprungen. »Die Boda-Bodas sind da!«

Nachdem er mit Umarmungen und Händeschütteln die Runde gemacht hatte, half er uns, unsere Taschen vor das Gästehaus zu bringen, wo unsere »Taxis« im Leerlauf auf dem Fußweg standen. Burgwin übersetzte für uns, während wir uns den drei Fahrern vorstellten. Da Burgwin auf dem Rücksitz eines der Boda-Bodas gekommen war und uns zum Dolmetschen begleiten würde, blieben noch zweieinhalb Sitze für uns sechs aus Kambua. Die Beifahrersitze waren eindeutig für mehr als eine Person ausgelegt, aber zu dritt würde es darauf ziemlich eng werden. Am Ende beschlossen wir, dass meine Eltern zusammen auf einem Boda-Boda fahren würden, Gio mit Burgwin auf dem zweiten und Mumo, Hadley und ich auf dem dritten. Als Burgwin sah, dass jeder einen Platz gefunden hatte, klopfte er seinem Fahrer leicht auf den Arm und winkte den beiden anderen zu, dass wir so weit waren. Nacheinander legten sie den Gang ein, gaben Gas, und los ging es.

So begann nun jeder Morgen in Kibwezi. Wir tuckerten über eine trockene Straße aus roter Erde, mehrere Taschen mit Geschenken auf dem Rücken und mehrere Ziele auf dem Tagesplan. Wir kamen meist erst am Spätnachmittag oder sogar am frühen Abend zurück, nachdem wir Schulen besucht, nach benötigten Dingen gefragt, Schulsachen verteilt und Zeit mit den Kindern verbracht hatten. Unsere Boda-Boda-Fahrer setzten die gesamte »Generation Next«-Gruppe wieder in Kambua ab und fuhren dann weiter, um anderswo zu arbeiten.

Hadley und ich mit unserem Fahrer auf einem Boda-Boda

Aber der Tag, an dem Hadley, Gio, Mumo und ich allein eine Abkürzung zum Markt nahmen, war anders. Unsere Gruppe war nach einem ganzen Tag in Schulen gerade wieder zurückgekommen. Es war ein heißer, trockener Nachmittag, wie es kenianische Nachmittage immer zu sein schienen. Nachdem wir unsere Taschen in unseren Gästezimmern abgestellt hatten, legte sich mein Vater zu einem Nickerchen hin, meine Mutter setzte sich mit ihrem Tagebuch und einem Stift auf die Terrasse, und Hadley, Gio, Mumo und ich hatten Hunger und Durst, wie immer. Wir freuten uns auf ein selbst gekochtes Abendessen im Gästehaus. Dazu mussten wir ins Dorf auf den Markt gehen und dann unbedingt vor Sonnenuntergang nach Kambua zurückkehren.

Um und durch die Ortsmitte gibt es nur drei Straßen. Wenn man sich einen Ortsplan anschaut, bilden zwei der Straßen ein knotiges, seitenverkehrtes großes »D«. Kambua liegt an dessen oberem Bogen. Um auf der Straße von dort zum Markt zu gelangen, folgt man dem Bogen, dem »Knoten« an der Seite und dann wieder dem Bogen, bis man auf die Marktstraße kommt – die dritte Straße in Kibwezi.

Es gibt aber auch eine Abkürzung, einen Fußweg, und einen direkteren Weg gibt es eigentlich nicht. Das Problem mit dieser Abkürzung ist, dass sie sich zuerst nördlich vom Ort durch freies Gelände windet und dann in Seitengassen mündet, die sich durch die dichten Blöcke von Kibwezis Wellblechhütten und Häusern ziehen. Die Abkürzung ist super, aber für eine Gruppe weißer, fremder Jugendlicher sind Seitengassen und freies Gelände nicht unbedingt die sichersten Orte.

In den ersten eineinhalb Wochen unserer Zeit in Kibwezi nahmen Hadley, Gio, Mumo und ich immer mindestens einen Erwachsenen mit, wenn wir zum Markt gingen. Wenn wir doch einmal allein waren, blieben wir auf der Straße. Dann kam der Abend, als wir kochen wollten, aber nur wenig Zeit hatten, um die Zutaten noch vor Sonnenuntergang zu besorgen. Ich fragte meine Mutter, ob wir auch ohne sie die Abkürzung nehmen dürften.

»Seid ihr euch sicher, dass ihr die Abkürzung nehmen *müsst*?«

»Es ist schon 17.20 Uhr, Mom. Ich glaube, gestern Abend ist die Sonne um 18.30 Uhr untergegangen.«

»Okay«, willigte sie ein. »Ihr könnt gehen, solange Mumo bei euch bleibt. Abgemacht?«

»Abgemacht!«

Wir vier rannten zur Tür. Wir gingen die Auffahrt des Gästehauses entlang zum Tor von Kambua und redeten darüber, was wir kaufen wollten. Als das Tor sich öffnete, um uns hinauszulassen, sahen wir die drei Boda-Bodas, mit denen wir den ganzen Tag unterwegs gewesen waren. Wir lächelten und winkten den Fahrern zu, und sie lächelten zurück. Dann bogen wir auf den richtigen Fußweg ab und gingen weiter in Richtung Ort.

Unsere kleine Gruppe war noch nicht weit gekommen, als wir hinter uns ein Brummen und Knacken näher kommen hörten. Wir drehten uns um und sahen die drei Boda-Boda-Fahrer. Als sie uns erreichten, gingen wir zur Seite, damit sie vorbeifahren konnten, doch sie schienen das Signal nicht zu verstehen. Stattdessen passten sie sich unserer Geschwindigkeit an und folgten uns in kurzem Abstand. Einer von ihnen sagte etwas auf Suaheli und Mumo blieb stehen und drehte sich um, sodass er ihnen antworten konnte.

Hadley, Gio und ich waren inzwischen daran gewöhnt, Gespräche auf Suaheli auszublenden, und wir hatten es immer noch eilig mit dem Einkaufen. Also gingen wir weiter, weil wir uns dachten, dass Mumos Gespräch gleich beendet wäre. Doch nachdem wir etwa eine Minute lang weitergegangen waren und er uns immer noch nicht eingeholt hatte, drehten wir um und gingen zu ihm zurück.

Mumo stand vor den drei Boda-Boda-Fahrern und gestikulierte mit ernstem Gesicht. Die drei waren den ganzen Tag über sehr zuvorkommend gewesen, doch jetzt schauten sie großspurig drein. Der Fahrer an der Spitze der Gruppe beugte sich vor und lehnte sich mit einem stechenden Blick auf die blauen Handgriffe seines Mopeds. Als Hadley, Gio und ich die Gruppe erreichten, kam ihr Gespräch ins Stocken und der Anführer nickte mir zu.

»Du hast uns nicht genug Geld bezahlt«, sagte er zu mir und deutete auf seine Freunde und dann sich selbst. Er setzte sich wieder auf den Sattel seines Boda-Bodas und verschränkte die Arme über der Brust.

Sofort war mir klar, worauf dieses Gespräch hinauslaufen sollte, und ich wurde wütend. Ich wusste, dass wir ihnen bereits gutes Geld gezahlt hatten – ich hatte sogar gesehen, wie es die Hände gewechselt hatte. Jetzt versuchten diese drei erwachsenen Männer, eine Gruppe von Teenagern einzuschüchtern, um mehr Geld zu bekommen. Mir kochte das Blut in den Adern.

»Erstens habe *ich* Sie nicht bezahlt«, erwiderte ich, »sondern mein *Vater*. Wenn Sie mehr Geld brauchen, können Sie zu *ihm* gehen. Er ist dort, wo Sie gerade hergekommen sind.«

Ich – ausgerechnet ich, das schüchterne Mädchen! – schaute ihnen direkt in die Augen, als ich ihnen meine Worte entgegenfauchte. Mein Puls raste und meine Nervenenden kribbelten, aber was diese Männer taten, war falsch, und ich wollte es ihnen nicht einfach durchgehen lassen.

Die Arme des Anführers waren immer noch verschränkt und er nahm kaum Notiz von meiner Empörung. »Du hast mir nicht genug gezahlt«, wiederholte er.

Ich zog die Augen zusammen, fest entschlossen, seiner Einschüchterung etwas entgegenzusetzen. »Wir gehen jetzt«, sagte ich mit einem Nicken. Ich winkte Mumo, Hadley und Gio zu. »Los, kommt, Leute.«

Aber das war vielleicht keine diplomatische Methode, diese Auseinandersetzung zu beenden. Der Anführer drehte sich um und sagte etwas zu seinen Freunden. Dann, mit einem entschlossenen Blick in den Augen, schalteten sie die Motoren ihrer Mopeds aus und stellten sie auf den Ständern ab. Alle drei stiegen ab und kamen auf uns zu.

Neben mir erstarrte Hadley ein wenig und ich auch. Mehr war nicht nötig, damit mein gesunder Menschenverstand sich durchsetzen konnte. Ganz gleich, wie viel zusätzliches Geld sie von uns wollten, es war es nicht wert, die Sache noch weiter eskalieren zu lassen, nur um auf meinen Prinzipien zu beharren.

»Wie viel brauchen Sie?«, fragte ich, ohne einen Hehl aus meinem Abscheu zu machen.

»Zweihundert Shilling«, antwortete der Anführer lässig.

Diese Männer waren bereit, Kinder einzuschüchtern, und das für weniger als drei Dollar! Und das Schlimmste daran war, wie gelassen sie dabei wirkten, so als wäre dies ihr alltägliches »Geschäftsgebaren«.

Mit flammenden Augen zählte ich das Geld ab und ließ es in seine Hand fallen. »Hier«, sagte ich und starrte ihn vernichtend an.

Er schloss die Faust um die Münzen und nickte.

»Danke«, sagte er ganz ruhig, als er sich zum Weggehen wandte.

Er und seine Freunde hatten gewonnen. Sie waren größer als wir, sie hatten uns aufgelauert, und nun hatten sie unser Geld und würden mit ihrer Aktion einfach durchkommen. Aber das letzte Wort sollten sie nicht haben!

»Eins sollten Sie noch wissen«, erklärte ich, vor Wut kochend. »Das ist das *allerletzte* Mal, dass Sie Geld von uns bekommen. Wir werden Sie *nie wieder* beauftragen. Sie haben gerade eine *Menge* Geld verloren.«

Nach all seinem draufgängerischen Gehabe bekam das hartherzige Benehmen des Anführers nun doch einen kleinen Riss. Ich sah, wie ein neuer Ausdruck auf sein Gesicht trat. Er begriff, dass er töricht gehandelt hatte, und ich merkte, dass er es sofort bereute.

Ich schätze, ich hätte mich dabei irgendwie selbstzufrieden fühlen können. Aber so war es nicht. Stattdessen spürte ich das Gewicht der Finsternis. Ich hatte kaum die Hälfte von dem verloren, was eine billige Pizza kostete; aber in Kenia sind drei Dollar viel Geld, und so war es für mich irgendwie auch eine große Sache. Ich hätte mich betrogen, verachtet und benutzt fühlen können. Doch leider war dies nicht annähernd das Schlimmste, was in Kenia passieren konnte. Wie unsere Gruppe erfahren sollte, war vor wenigen Jahren die Lage in Kibwezi ungleich dunkler und hässlicher gewesen.

KAPITEL 14

Schule mit Hindernissen

Bereits als wir noch unsere Reise nach Kibwezi vorbereiteten, hatte Mumo uns im Namen seiner Familie zu sich nach Hause eingeladen. Zusammen mit seiner Mutter Beatrice wollten er und seine Geschwister ein Essen für unsere »Generation Next«-Gruppe bei sich ausrichten. Beatrice wohnte in einer kleinen Stadt in der Nähe von Kibwezi namens Kathyaka, in der Mumo auch aufgewachsen war. Wir machten einen Termin für einen Sonntagnachmittag aus, und ich fragte Mumo, ob wir irgendetwas Bestimmtes als Gastgeschenk für seine Mutter mitbringen könnten. Er sagte uns, dass sie nachts oft fror und eine Decke gebrauchen könnte.

Da wir uns so darauf freuten, Mumo persönlich kennenzulernen, und so dankbar für seine Hilfe und Freundschaft waren, war unsere Gruppe möglicherweise etwas übereifrig beim Erfüllen dieser Bitte. Wir nahmen mehrere warme, weiche Decken von zu Hause mit. Nachdem wir einigen unserer Freunde von den kalten Nächten in Beatrices Haus erzählt hatten, erhielten wir noch einige zusätzliche Decken. Wir brachten sie alle mit nach Kibwezi, zeigten sie Burgwin und fragten, ob wir dem Geschenk noch etwas anderes hinzufügen sollten.

Burgwin sagte uns, dass eine Familie wie die von Mumo sicher gut Maismehl gebrauchen könnte. Das ist ein Grundnahrungsmittel in Kenia. Auf diesen Vorschlag hin gingen wir auf den Markt und kauften einen Vierzig-Kilo-Sack Maismehl. An dem Sonntag, an dem wir Mumos Familie besuchen wollten, nahmen wir uns Boda-Bodas und fuhren zwanzig Minuten quer durch Kibwezi zu ihnen.

Als wir eintrafen, waren schon mehrere Familienmitglieder vor Beatrices Haus versammelt: Beatrice, Mumos drei ältere Brüder, seine ältere Schwester, zwei Schwägerinnen und zwei kleine Neffen. Wir stellten uns vor und dankten Beatrice für ihre Einladung. Dann überreichten wir ihr die Decken und das Maismehl. Sie freute sich sehr und sprach begeistert davon, wie warm die Decken sein würden und wie lange das Maismehl reichen würde. Bedächtig wählte sie einige von den neuen Decken für ihr eigenes Haus aus und verteilte dann die anderen Decken ebenso bedächtig an den Rest der Familie.

Aus vorangegangenen Gesprächen mit Mumo wussten wir, dass er und seine Geschwister alle Halbgeschwister waren. Jeder von ihnen hatte einen anderen Vater, und keiner der Väter war lange geblieben. Ein abwesender Vater ist in Kenia leider nichts Ungewöhnliches. Mumos Schwester Belta wohnte bei Beatrice und half ihr, den Haushalt zu führen. Ein Bruder, Nicholas, verbrachte den ganzen Tag auf dem Fahrrad, um Wasser für die Familie heranzuschaffen. Ein weiterer Bruder, John, hatte mit seiner Arbeit in einer Schule in Nairobi ein regelmäßiges Einkommen; er und seine Familie wohnten nebenan und unterstützten Beatrice bei allem, was sie brauchte. Sie alle schienen sich gern untereinander zu helfen.

Sie bestanden außerdem darauf, uns großzügig zu bewirten. In der Gegend um Kibwezi besteht die typische Ernährung aus Reis, Bohnen, gelegentlich etwas Gemüse und einem Nahrungsmittel namens *Ugali*, einer Speisestärke, die entweder zu einem Brei gekocht oder als gekochter Teig verwendet wird. Wie die meisten Kenianer, die auf dem Land wohnen, aß Mumos Familie selten Fleisch, weil es teuer war. Anlässlich unseres Besuches hatten sie jedoch ein Huhn geschlachtet und zubereitet.

Wir verzehrten unsere köstliche Mahlzeit draußen im Schatten eines kleinen Baumes. Diejenigen, die Englisch und Suaheli sprachen (Burgwin, John und Mumo) übersetzten mit Hochgeschwindigkeit, während wir uns gegenseitig kennenlernten. Nach dem Essen führte uns Mumos Familie über das ganze Grundstück, um uns ihre Häuser zu zeigen.

Unsere erste Station war Beatrice' Hütte, ein rundes Häuschen mit nur einem Zimmer. Das Haus war etwas größer als die meisten anderen Häuser, die wir gesehen hatten, mit Lehmwänden und einem Reetdach. Wir wurden zwar nicht hineingebeten, doch wir waren schon öfter in Lehmhütten wie ihrer gewesen und hatten daher eine gute Vorstellung davon, wie es darin aussieht. Die Farbe der Wände und die fehlende Elektrizität ließen das Innere des Hauses im Dunkeln. Überall gab es Ungeziefer – es verkroch sich in den Wänden und kam und verschwand nach Belieben. Wir wussten von Mumo, dass Beatrice und Belta Betten hatten, doch falls es andere Möbel im Haus gab, dann nur sehr wenige.

Vor der Hütte befand sich die Küchen- und Kochstelle. Unser Essen mit dem Hühnchenfleisch war dort über einem offenen Feuer zubereitet worden. Ein wenig weiter weg war ein Hühnerstall, in dem es dank unseres Besuchs nun ein Huhn weniger gab. Die Wände des runden Stalls bestanden aus fest zusammengebundenen, langen, dünnen Zweigen. Der Stall stand leicht erhöht und war mit einem Reetdach abgedeckt. Einige von den Kindern neckten die Hühner und alle lachten.

Als Nächstes gingen wir einige Hundert Meter weit durch niedriges Gebüsch zu dem Haus, wo John mit seiner Frau Eunice und ihren beiden Kindern wohnte. Ihr Haus war im Grunde dem von Beatrice sehr ähnlich, mit einem großen Unterschied. Nur sechs Meter von Johns und Eunice' Haustür stand ein unvollendetes Gebäude. Es hatte vier einfache Lehmwände, einige Aussparungen für Fenster und einen Durchgang, der wohl für die Tür geplant worden war.

»John, wofür ist dieses Gebäude?«, fragte mein Vater.

»Ah, ja«, antwortete John. »Das sollte eine Schule werden.«

»Sollte?«

»Ja.« John wirkte nachdenklich, und wir alle spürten, dass sich hinter seinen Worten eine Geschichte verbarg.

»Du meinst also, es soll keine Schule mehr werden?«

Er seufzte. »Ich weiß nicht.« Dann erzählte er uns, was geschehen war.

Vor einigen Jahren war ein weißer Missionar nach Kibwezi gekommen. Er kam mit dem Traum, eine dringend benötigte Grundschule für die Kinder in der Gegend zu bauen, und er und John freundeten sich an. Als John von den Bauplänen des Missionars erfuhr, hatte er sein Grundstück als Standort für die Schule angeboten. Die beiden hatten einen Vertrag abgeschlossen, und schon wenig später begann die Schule des Missionars Form anzunehmen. Die vier Lehmwände wurden hochgezogen.

Dann ereignete sich eine Tragödie. Mitten im Projekt war der Missionar eines Tages allein in der Gegend unterwegs, als mehrere Männer auf ihn zukamen. Sie nahmen an, er müsse viel Geld bei sich haben, weil er weiß war. Er versicherte ihnen, dass dies nicht der Fall sei, doch sie wollten ihm nicht glauben. Sie verprügelten ihn brutal, nur um in seine Reisetaschen schauen zu können und seine Hosentaschen von innen nach außen zu kehren.

Die Banditen erbeuteten nur sehr wenig Geld, aber der Mann starb später an seinen Verletzungen. Als ob der Mord und die Trauer noch nicht schlimm genug waren, hatte Kathyaka auch seine Hoffnung auf eine Schule verloren.

»Ich habe darüber nachgedacht, ob ich vielleicht selbst versuchen könnte, die Schule fertigzustellen«, erklärte John. Er holte tief Luft und hielt sie einen Moment lang an, als wollte er etwas Hoffnungsvolles sagen. Seine Hände waren vor ihm ausgestreckt, bereit zu einer Geste, die seinen Worten entsprechen würde. Doch dann seufzte er und ließ die Arme sinken. »Es ist zu teuer für mich«, sagte er und schüttelte den Kopf. »Der Bau würde viele Jahre dauern.«

Wir schüttelten mit ihm den Kopf. Allein die Geschichte zu hören, war wie ein Schlag ins Gesicht. Wir konnten uns kaum vorstellen, wie es wohl gewesen war, sie zu durchleben.

Bevor unsere Gruppe an jenem Tag zurück nach Kambua fuhr, stiegen einige von uns durch die Türöffnung des leeren Schulgebäudes, gingen darin herum und sagten: »Das wäre ein guter Platz für eine Schule gewesen« und: »Das ist wirklich traurig, nicht?« Tief in Gedanken versunken, hielten ein paar Weiße die Arme vor der Brust verschränkt und trauerten über das, was verloren zu sein schien.

Später fanden wir heraus, dass für Gott diese Geschichte noch nicht zu Ende war. Es schien, als würde er uns auf Schritt und Tritt mehr Träume ins Herz legen.

KAPITEL 15

Unterschiedlich und doch gleich

Gegen Ende unserer Zeit in Kibwezi besuchten wir die St. Mary's School, ein Mädcheninternat für Oberschülerinnen, wo Burgwins Tochter lebte und lernte. Das Internat war zu weit von uns entfernt, um mit einem Boda-Boda dorthin zu kommen, und so tauchte Burgwin eines Morgens mit einem Wagen und einem Fahrer in Kambua auf, und wir quetschten uns alle in das Auto. Die Fahrt nach Süden auf der Mombasa Road erlebten wir in gespannter und fröhlicher Erwartung des Tages, der vor uns lag.

»Die Schülerinnen sind drei Monate im Internat«, erklärte Burgwin. »Dann kommen sie für drei Monate nach Hause, und immer so weiter. Die Hälfte des Jahres sind sie zu Hause und die andere Hälfte in der Schule.«

In der Gegend, durch die wir fuhren, gab es viele Bäume und wohl auch gute Erde, denn überall gab es Äcker. Wir hielten vor einem Gebäudekomplex, dessen Häuser alle gleich angestrichen waren: rote Mauern mit weiß geränderten Fensterrahmen und einem weißen Streifen, der sich über den Fenstern am gesamten Haus entlangzog.

Als wir ausstiegen, fiel mir ein offener Platz hinter einigen der Gebäude auf, schräg gegenüber vom Eingang.

»Hadley!«, rief ich aus und wies in diese Richtung. »Da gibt es Sportplätze!«

Sie schaute hinüber und sah, was ich gesehen hatte. Mitten im Schulkomplex befand sich ein großer Hof, dessen unbefestigter Boden an zwei verschiedenen Stellen in nebeneinanderliegende Rechtecke aufgeteilt war. Die Abgrenzungen waren rundum mit Holzpflöcken markiert. Quer über das kleinere Feld war ein Volleyballnetz gespannt. An den beiden Stirnseiten des größeren Feldes gab es Basketballkörbe. Auf beiden Feldern tummelten sich, in bunte Farben gekleidet und mit raschen Bewegungen, sportliche junge Frauen im Wettstreit miteinander. Hier waren die bequemen kenianischen Schuluniformen ein Vorteil. Von der Taille abwärts trugen die Mädchen alle einen weinroten oder blaugrünen Rock, der weit genug war, um sich darin schnell bewegen zu können, und lang genug, um noch gut auszusehen, während man rannte und sprang. Außerdem trugen die Mädchen bunte T-Shirts mit V-Ausschnitt, auf denen vorn »St. Mary's« aufgedruckt war.

Die meisten Sportlerinnen auf beiden Feldern waren barfuß, und beim Spielen traten sie kleine Wolken aus kreidigem rotem Staub los. Die Staubwölkchen hielten sich einige Sekunden in der Luft, bevor sie sich an ihre Füße und Knöchel hefteten. Die tiefrote Erde, die an dunkelbrauner Haut klebte, war nur einer von vielen Kontrasten in einer ohnehin lebhaften Szene. Als Hadley und ich die Spielerinnen beobachteten, leuchteten unsere Augen auf. Daheim in Branson war ich die Volleyballspielerin und Hadley das Basketball-Mädchen. Wir spielten beide wahnsinnig gern und vermissten unseren Lieblingssport hier in Kenia. Deswegen mussten wir nur einen Blick auf die Spielfelder werfen, um ungeduldig zu werden. Wir wussten, dass wir einen möglicherweise stundenlangen Wettkampf vor uns hatten, und konnten es kaum erwarten, loszulegen.

Ja, Stunden. Da unsere Gruppe wusste, dass die Schülerinnen von St. Mary's ein ganzes Vierteljahr dort wohnten, konnten wir einfach einen großen Teil des Tages mit ihnen verbringen. In den USA wäre eine solche Bitte wahrscheinlich als Verschwendung von Schulressourcen und möglicherweise als Beleidigung aufgefasst worden. In Kenia jedoch war sie nicht nur völlig angemessen, sondern wurde auch dankbar aufgenommen. Drei Monate, in denen man von Eltern und Geschwistern getrennt ist, sind für Teenager eine lange Zeit, und drei Monate ständiges Schulleben sind es ebenso. Darum sind die Leiter an Schulen wie St. Mary's oft eher geneigt, ihren Schülern besondere Pausen zum Herumtollen und Spaßhaben einzuräumen. Wenn dann plötzlich irgendwelche Amerikaner auftauchen, ist das einfach eine günstige Gelegenheit dazu!

In St. Mary's gab es keine große Ankündigung unserer Gruppe und keine Vorstellung. Wir wollten keinen förmlichen Kontakt mit den Schülerinnen; wir wollten einfach etwas Zeit mit ihnen verbringen und sie kennenlernen. Also machten wir uns kurz nach unserer Ankunft auf den Weg zum Sportplatz.

Beim Volleyball an einer Mädchenschule, an der wir vom Bedarf an Hygienesets erfuhren

Unsere Gruppe im Bus

Wir stellen Hygienesets zusammen

Beim Spielen mit Schülern von Pajoma

Eine junge Mutter und ich im Krankenhaus

Grace erklärt den Kindern, dass sie die »Mzungu« gerne berühren dürfen

Schüler in Pajoma

Schüler in Pajoma

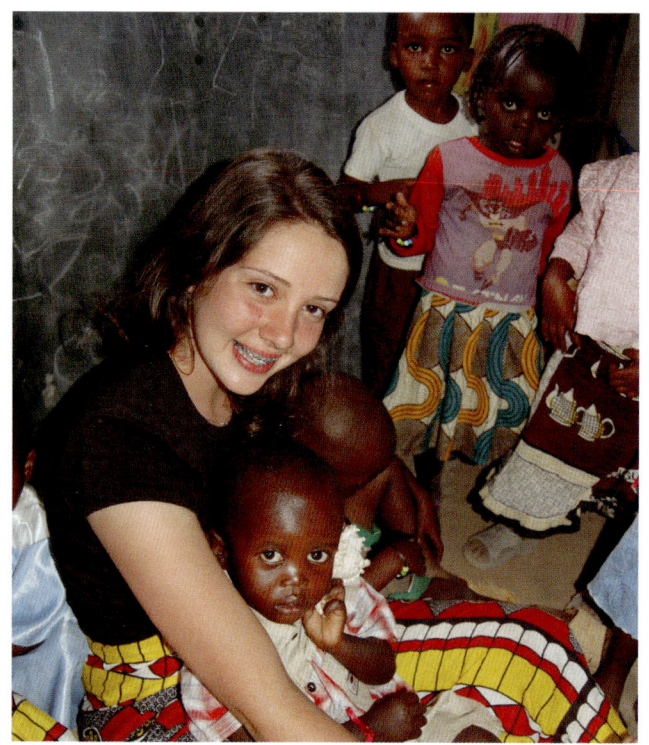

Kinder bei einem Ernährungsprogramm

Stolze Schülerinnen mit ihren Hygiensets

Ich mit einem der frühgeborenen Drillinge im Krankenhaus Tenwek

Drei Jungs mit ihren neuen Rucksäcken

Spatenstich in Pajoma

Kinder von Pajoma am ersten neu gebauten Schreibtisch!
Sie waren so aufgeregt.

Zwei der wunderbaren Kinder, die Pajoma besuchen.

Die Schülerinnen warteten in zwei Reihen, eine für jedes Spiel, zwischen den beiden Feldern auf ihren Einsatz. Hadley sprang in die Basketball-Schlange, ich ging auf die Volleyball-Seite, und bald wechselten wir zwischen den Spielen und Sätzen ein und aus, freundeten uns an und tauschten Fragen und Antworten mit den anderen Teenagern aus. Wir fragten sie nach der Entfernung ihrer Heimatorte von St. Mary's und nach ihren Hobbys. Sie fragten nach unseren Lieblingssängern und -schauspielern. Sie wollten wissen, ob wir einen festen Freund hätten, ob wir gerne sängen und ob wir schon einmal Justin Bieber getroffen hätten. (»Noch nicht«, antworteten wir.)

Es war eine wunderbare Erfahrung, etwas von Mädchen unseres Alters zu erfahren, die auf der anderen Seite der Welt lebten. Zwischen unserem und ihrem Leben lagen in vielerlei Hinsicht Welten, trotzdem hatten wir viele Gemeinsamkeiten. Je mehr Zeit ich mit ihnen verbrachte, desto klarer wurde mir das. Wir alle kicherten über Jungs und Beziehungen; es frustrierte uns alle, dass uns die Röcke an den Beinen klebten; wir alle wollten beim Sport lieber Erfolg haben als scheitern; wir alle machten kleine und große Fehler; und wir alle versuchten herauszufinden, wie man am besten zusammenarbeitet.

Mein Vater kam, um uns zu sagen, dass die »Generation Next«-Gruppe bald gehen würde, und als wir uns verabschiedeten, unterbrachen die Mädchen von St. Mary's ihre sportlichen Aktivitäten, um uns ihre guten Wünsche mitzugeben. Sie umarmten uns und baten uns, diesen Tag nicht zu vergessen, und wir taten das Gleiche. Dann, mitten im Verabschieden, stand Burgwin plötzlich vor mir – mit seinem üblichen strahlenden Lächeln und einer sehr großen jungen Frau neben sich.

»Riley, du sollst nicht gehen, ohne dass ich dir meine Tochter und meine Tochter dir vorgestellt habe. Das ist Barbara. Barbara, das ist Riley.«

Ich weiß nicht, wie ich mir Burgwins Tochter vorgestellt hatte, aber jedenfalls nicht wie diese junge Frau, der ich nun vorgestellt wurde. Ich glaube, ich war davon ausgegangen, dass sie wie Burgwin aussehen und sich wie Burgwin verhalten würde. Doch während er breitschultrig und stämmig wirkte, war sie sehr groß und elegant. Während er gesellig und extrovertiert war, war sie es ganz offensichtlich nicht. Alles an dieser jungen Frau wirkte schüchtern. Ihre Schultern waren etwas nach vorn gezogen, sodass ihre Wirbelsäule sich rundete. Ihr Kopf war etwas mehr gebeugt, als es nötig war. Ihr Gesichtsausdruck war freundlich, aber sie lächelte verlegen, und in ihren Augen lag ein Zögern, das mir verriet, dass sie so manches für sich behielt. Als sie mir die Hand reichte, wirkte sie etwas ängstlich, und als sie endlich sprach, war ihre Stimme leise und ein wenig hauchig. »Hallo Riley. Schön, dich kennenzulernen!«

Mein erstes Treffen mit Barbara in der St. Mary's School

Sie war wahrscheinlich fünfzehn Zentimeter größer als ich, ihr Leben und ihre Kultur waren ganz anders als meine, und ihre Haut war so dunkel, wie meine hell war. Doch obwohl unsere Umstände und Lebensgeschichten sich unterschieden, waren wir aus demselben Holz geschnitzt – da war ich mir sicher. Wenn ich sie anschaute, hatte ich in vielerlei Hinsicht das Gefühl, in den Spiegel zu schauen.

»Hallo Barbara. Ich freue mich auch sehr, dich kennenzulernen.«

Burgwin ließ uns allein, und eine Weile versuchten Barbara und ich, ein Gespräch zustande zu bringen. Wir beide mussten nachdenken, um überhaupt etwas zu sagen. Sie dankte mir dafür, dass ich in ihre Schule gekommen war. Ich sagte ihr, wie sehr wir uns über die große Hilfe ihres Vaters freuen. Dann herrschte eine Minute lang Schweigen, bis mir einfiel, dass ich etwas für sie hatte. Ich griff in meinen Rucksack und zog eine von den geflochtenen Halsketten aus Hanf hervor, die ich gemacht hatte und schon eine Weile mit mir herumtrug. In der Mitte dieser Kette war eine dunkelviolette Perle befestigt.

»Hier«, sagte ich und hielt sie ihr hin. »Das habe ich für dich gemacht. Es ist eine Halskette.«

Sie lächelte nervös und nahm sie entgegen. »Sie ist sehr hübsch. Vielen Dank.«

»Du musst sie umbinden! Ich kann dir helfen, wenn du möchtest?«

»Okay, ja. Danke.« Barbara drehte sich um und beugte die Knie so weit, dass ich bequem zu ihrem Hals hinaufreichen konnte.

»So«, sagte ich, als ich ihr die Kette umgebunden hatte.

Instinktiv legte sie die Hand an den Hals, um die geflochtenen Stränge und die Perle zu betasten. »Die gefällt mir.«

Wir lächelten einander an; dann schauten wir beide rasch zu Boden und scharrten ein wenig mit den Füßen. Da sah ich es.

Ich hatte meine Sandalen ausgezogen, um besser Volleyball spielen zu können, und hatte sie noch nicht wieder angezogen. Als wir da zusammenstanden, hatten wir beide keine Schuhe an und Kenias rote Erde haftete überall an unserer Haut. Wenn man nicht wusste, dass Barbaras und mein Leben so unterschiedlich waren, und wenn man uns nur anhand unserer Füße hätte auseinanderhalten wollen, wäre es möglicherweise nicht gelungen. *Gar nicht so unterschiedlich*, ging mir durch den Kopf, als ich Barbara zum Abschied umarmte und mich zum Rest der »Generation Next«-Gruppe begab.

Als ich wieder bei meiner Mutter war, stellte Burgwin uns der Direktorin von St. Mary's vor. Es sollte eine schicksalhafte Begegnung sein.

KAPITEL 16

Dringend benötigt

Meine Mutter und ich machten es uns auf den beiden Stühlen gegenüber der Direktorin und ihrem Schreibtisch so bequem wie möglich. Es war ein typisches Büro: Papierstapel lagen auf Aktenstapeln, und an der Wand hingen einige Zertifikate. Das einzige Fenster im Raum war weit geöffnet, aber es kam kein richtiger Luftzug herein, und so erschien das Zimmer besonders klein und warm. Später fragte ich mich, ob diese Äußerlichkeiten die Direktorin noch feuriger und größer wirken ließen, als sie tatsächlich war. Ihre eigene Person reichte aber schon völlig aus, um diesen Eindruck zu vermitteln.

»Nochmals danke, dass Sie in unsere Schule gekommen sind«, sagte sie freundlich. Sie schloss die Bürotür und setzte sich dann lächelnd an ihren Schreibtisch. Selbst mit ihrem wohlwollenden Gesichtsausdruck war sie eine imposante Person. Ihre breiten Schultern ragten hoch über ihrem Schreibtisch auf, und sie beugte sich vor und lehnte sich auf die Ellenbogen, bereits überzeugt von dem, was sie sagen wollte.

»Es ist uns eine Ehre, dass Sie gekommen sind – bitte unterschreiben Sie doch hier auf dieser Seite!« Sie schob uns das Gästebuch der Schule zu.

»Wir hatten viel Spaß mit Ihren Schülerinnen«, erwiderte meine Mutter.

»Ja, wirklich«, setzte ich hinzu. »Danke, dass Sie so nett und gastfreundlich waren.«

Mit diesen Worten unterschrieben meine Mutter und ich auf der Seite und schrieben das Datum dazu. Dann lächelten wir höflich und warteten auf das, was die Direktorin uns zu sagen hatte.

»Sehr gern geschehen. Die Mädchen und unser Team sind sehr dankbar für Ihre Freundlichkeit.«

Es trat eine kurze Pause ein und wir schauten einander an. Dann fuhr die Direktorin fort. »Wissen Sie, es ist sehr wichtig, dass diese Mädchen eine gute Schulbildung bekommen. Hier in Kenia hat die Bildung einer jungen Frau mehr Einfluss auf ihre Chancen im Leben als alles andere.«

Das »Verkaufsgespräch« hatte begonnen. Meine Mutter und ich ließen uns etwas tiefer in unsere Stühle sinken. Wir waren aufmerksam und gespannt auf das, was die Direktorin uns erzählen würde. Aber wir hörten zu wie Personen, die alles schon einmal gehört haben. In mehr als sieben anderen Schulen hatten wir bereits ebenso viele solche Reden gehört. Wir dachten, dass die in St. Mary's so wie alle anderen ausfallen würde: Kinder, die Sponsoren brauchten. Kinder, die Operationen brauchten. Familien, die Geld brauchten. Wir hatten uns schon so daran gewöhnt, dass Schulen uns um Hilfe baten, dass wir fast keine überraschenden Details mehr erwarteten.

Doch die speziellen Details, die uns an dieser Schule genannt wurden, sollten uns schockieren. Diese Direktorin legte uns eine Not und eine Bitte offen, die anders als alles andere ausfiel, was uns bisher begegnet war.

»Hier in St. Mary's«, begann sie, »kommen die Schülerinnen für je drei Monate ins Internat. Das bedeutet, dass sie bei ihrer Anreise alles mitbringen müssen, was sie für die ganzen drei Monate brauchen. Sie brauchen ihre Schuluniform, ein Notizbuch, Schreibmaterialien und Bücher. Es ist sehr teuer und sehr schwierig, alle diese Dinge zusammenzubringen. Und für Mädchen einer Oberschule ist es noch teurer, weil sie in diesem Alter ihre Periode bekommen.«

Die Direktorin erklärte uns, dass in einer Internatsschule wie ihrer die Mädchen, die schon ihre Periode haben, zu Beginn jedes Schultrimesters alle Hygieneartikel mitbringen müssen, die sie für das gesamte Vierteljahr brauchen. Selbst wenn die Schülerin einen Sponsor hat, der Schulgeld und Internatsgebühren zahlt, müssen die Schülerin und ihre Familie oder ihre Betreuer dafür sorgen, dass sie Damenbinden für drei Monate vorrätig hat.

»Arme Familien in Kenia leben von weniger als hundert Shilling pro Tag. Hygieneartikel für drei Monate können diese Familien fast einen Wochenlohn kosten.« Die Direktorin schüttelte den Kopf. »Viele Mädchen können sich die Hygieneartikel, die sie brauchen, nicht leisten, aber sie wollen unbedingt in die Schule gehen. Also greifen viele von ihnen zu verzweifelten Mitteln.«

An jenem Tag erfuhren wir von der Direktorin, dass es nicht ungewöhnlich war, dass manche Mädchen in den drei Monaten, die sie nicht in der Schule waren, als Prostituierte arbeiteten, um das notwendige Geld für Hygieneartikel zusammenzubekommen. Wir erfuhren auch, dass manche Mädchen den perversen Wünschen von »Onkeln« – nahen Verwandten oder anderen erwachsenen Männern in ihrem Umfeld – nachgaben und gegen Geld für Hygieneartikel Sex mit ihnen hatten.

Bei dem Gedanken krampfte sich mir der Magen zusammen. Mir war ganz und gar unbehaglich zumute, und meiner Mutter neben mir schien es nicht besser zu gehen. Ich hatte das starke Bedürfnis, den Raum zu verlassen und an der frischen Luft ein paar Mal tief durchzuatmen. Doch die Direktorin hatte uns noch mehr zu erzählen. Sie runzelte die Stirn und ihr Blick verdüsterte sich noch mehr.

»In Kenia werden nur sehr selten Verhütungsmittel benutzt, besonders in ländlichen Gegenden. Das bedeutet oft, dass ein Mädchen schwanger wird, wenn es seinen Körper verkauft. Dann kann es nicht mehr zur Schule gehen. Oder es steckt sich mit HIV an.« Die Direktorin schüttelte den Kopf und schnaubte ärgerlich. »Und was passiert dem Mann? Nichts. Sein Leben ändert sich nicht. Doch das Mädchen hat seine Chance auf eine Ausbildung und eine gute Arbeit verloren, oder seine Gesundheit, oder beides. Damit ist es so gut wie zu einem Leben in Armut verurteilt.«

Während die Direktorin sprach, musste ich zwangsläufig an die jungen Frauen denken, mit denen wir diesen Tag in St. Mary's verbracht hatten. Selbst nach so wenigen Stunden waren sie uns bereits ans Herz gewachsen. Mehr noch, ich sah deutlich, dass wir uns eigentlich kaum unterschieden. Unser aller Seelen waren randvoll mit den typischen Teenagersorgen und -hoffnungen. So wie ich träumten sie von der Zukunft, die sich vor ihnen auftat. Sie wünschten sich, dass diese Zukunft voller Hoffnung und Freude ist. Der Gedanke, dass diese Mädchen je diese Art von Entscheidungen treffen mussten, die uns eben beschrieben worden waren, war abscheulich. Ich wollte nicht daran denken, dass dies eine reale Situation war, und ich wusste nicht, wie ich damit umgehen sollte. Glücklicherweise saß ich einer Frau gegenüber, die in diesem Thema nur allzu bewandert war.

Die Direktorin saß nun fast über ihren Schreibtisch ausgestreckt. Ihre Haltung war immer noch selbstbewusst, doch ihre uns entgegengestreckten Arme und nach oben gedrehten Handflächen waren eine eindeutig flehende Geste.

»Das ist ein schreckliches Problem in Kenia und wir brauchen Menschen, die uns helfen, dagegen anzugehen. Gibt es eine Möglichkeit, dass Ihre Organisation uns helfen kann?« Sie schaute uns fest in die Augen.»Können Sie für einige Schülerinnen dieses Landes Hygieneartikel beschaffen?«

Meine Mutter und ich schauten uns einen Augenblick an, bevor wir den Blick wieder der Direktorin zuwandten. Dann sagte ich: »Sollten wir nach Kenia zurückkommen, dann frühestens nächsten Sommer, weil wir ein Jahr brauchen würden, um die Sachspenden aufzubringen. Doch falls wir zurückkommen, welche Art Hygieneprodukte würden die Mädchen hier brauchen?«

»Nein, nein, nein!« Die Direktorin winkte nachdrücklich ab. »Nicht in dieser Schule. Die Schülerinnen in St. Mary's kommen aus Familien, die mehr Geld haben. Viele sind immer noch relativ arm, aber ich kann Ihnen andere Schulen nennen, an denen die Schülerinnen noch weniger haben. Ich bitte Sie, ihnen zuerst zu helfen. Doch um Ihre Frage zu beantworten, die Mädchen brauchen am dringendsten Damenbinden. Andere Dinge wären auch hilfreich, aber die Damenbinden werden am dringendsten benötigt.«

Mom und ich nickten. Wir hatten verstanden. Als die Direktorin das sah, lehnte sie sich auf ihrem Stuhl zurück und atmete tief aus. Ich spürte, dass sie das Gefühl hatte, ihre Pflicht an diesem Nachmittag erfüllt zu haben.

Meine Mutter schlug das Schulgästebuch zu und schob es wieder über den Schreibtisch. Dann standen wir auf, um uns zu verabschieden.

»Danke, dass Sie uns von diesem Problem erzählt haben«, sagte ich zu der Direktorin. Dann wiederholte ich genau das, was ich auch bei jedem anderen »Gästebuchtermin« in Kibwezi gesagt hatte: »Wir werden über alles nachdenken, was Sie uns heute hier erzählt haben. Wenn wir irgendwie helfen können, werden wir es tun.«

Als meine Mutter und ich St. Mary's verließen, um zum Rest unserer Gruppe zu stoßen, dachten wir beide das Gleiche. Wir würden im kommenden Sommer nach Kibwezi zurückkehren, und wenn wir wiederkamen, würden wir so viele Damenbinden mitbringen, wie wir tragen konnten!

KAPITEL 17

Von allem ein wenig

Unsere Entscheidung traf sich nahezu mühelos, doch sie ging mit einer Komplikation einher. Als wir beschlossen, ein drittes Mal nach Kenia zu reisen, wussten wir auch, dass wir noch verschiedene andere Entscheidungen zu treffen hatten. Neben dem Hygieneproblem waren uns während unserer Zeit in Kibwezi viele andere Nöte begegnet. Neben den Mädchen in der Oberschule waren uns auch viele andere Menschen begegnet, die große Schwierigkeiten hatten. Wie sollten wir damit umgehen?

Meine Familie scherzt immer, dass ich die Visionärin von »Generation Next« bin. Damit meinen sie, dass ich ein Talent dafür habe, Ideen zu erträumen, dabei aber die Details übersehe. In jenen ersten Jahren in Kenia verlor ich mein Herz mehr als einmal an ein großes Ziel, ohne gründlich über einen realistischen Plan nachzudenken, um dieses Ziel zu erreichen. Das war eine Falle, in die man leicht geraten konnte, und ich war nicht als Einzige gefährdet. Wenn einem erst einmal die endlosen Nöte bewusst geworden sind, ist es schwer, sich nicht um alles kümmern zu wollen.

Ein typischer Fall war unser jetziges Dilemma: Als wir beschlossen, Hygieneartikel für die Schülerinnen zu besorgen, merkten wir, dass wir auch noch einige andere Maßnahmen zur Unterstützung in den Blick nehmen sollten. Wir würden auf jeden Fall Hygieneartikel sammeln und liefern, doch welche anderen konkreten Projekte konnten wir daneben noch in Angriff nehmen? Über die Jahre hinweg habe ich viel darüber gelernt, was es heißt, verantwortungsbewusst, weise und strategisch zu planen.

Das Erste, worüber wir nachdachten, waren Schulsachen. Das war die Aufgabe, die uns zum zweiten Mal nach Kenia geführt hatte, und wir wollten sie fortführen. Wir hatten persönlich Tausende Kinder gesehen, denen sogar die grundlegendsten Lernmittel fehlten. Wir wussten aus erster Hand, dass zweihundert Schultaschen kaum ein Tropfen auf den heißen Stein waren. Doch wie sollte eine zweite Sammel- und Lieferaktion aussehen?

Die zweite große Aufgabe, über die wir nachdachten, war die Vollendung der Schule auf dem Grundstück von John und Eunice, mit deren Bau der ermordete Missionar begonnen hatte. Um das Gebäude fertigzustellen, musste noch eine Menge getan werden: Die Mauern mussten um mehrere Schichten mit Ziegelsteinen erhöht werden. Es fehlten noch der Dachstuhl und ein Dach. Das Haus brauchte einen Betonboden und die Wände mussten verputzt und mit Farbe versiegelt werden. Dann musste eine einfache Ausstattung her, wie eine Wandtafel und Tische und Stühle für die Schüler – ganz zu schweigen davon, dass auch noch Lehrer und Schüler fehlten. Hatte Gott unser »Generation Next«-Team aus einem bestimmten Grund zu dieser Schule geführt? Wollte er, dass wird dort tätig werden?

Das dritte große Problem waren in unseren Augen die hohen Kosten für medizinische Behandlungen. Wir verstanden langsam, warum Krankenhäuser wie Tenwek in Kenia existierten. Die Kombination aus vielen Krankheiten und extremer Armut forderte einen unglaublichen Tribut. Im Leben einer Familie sind Krankenhausaufenthalte quasi unvermeidlich, doch die dadurch entstehenden

Kosten sind für sie oft unmöglich zu tragen. Bis die Wirtschaft des Landes einen kräftigen Aufschwung erleben wird, wird sich daran nichts ändern. Zahllose Menschen in Kibwezi brauchten Geld für ihre medizinische Versorgung, und unzählige weitere Menschen brauchten Zugang zu medizinischen Diensten zu erschwinglichen Preisen, idealerweise kostenlos. Wie konnte unsere Gruppe da helfen? Konnte sie überhaupt helfen? Wir wägten unsere Möglichkeiten ab. Wir beteten um Wegweisung. Wir stellten einige erste Recherchen zu Kosten und Gebühren an. Dann gelangten wir zu einer Entscheidung für unser drittes Jahr: Wir würden Hygieneartikel für die Schülerinnen mitbringen und die Schule des Missionars als Projekt in Angriff nehmen. Die Frage der medizinischen Versorgung und Krankenhausrechnungen war einfach zu groß für uns. Wir wussten, dass wir nur Geld geben konnten. Niemand von uns hatte eine medizinische Ausbildung. Ein Gesundheitsprojekt könnte extrem kompliziert werden. Außerdem ist es im ländlichen Kenia keine gute Idee, große Geldsummen bei sich zu haben. Und wie hätten wir überhaupt entscheiden sollen, wem wir helfen und wen wir abweisen? Wo hätten wir anfangen sollen?

Wir wollten uns nur bei Projekten engagieren, die wir auch selbst gut bewältigen konnten, und wir wollten uns und unsere Ressourcen nicht allzu sehr strapazieren. Das Schulprojekt und der Hygieneartikel-Plan waren mehr als genug für unsere kleine Gruppe. Der finanzielle Aspekt war eine zusätzliche große Herausforderung. Vor allem für das Schulprojekt müssten wir in einem Jahr mehrere Tausend Dollar aufbringen. John und Eunice hatten überschlagen, dass die Fertigstellung des Baus etwa 500 000 kenianische Shilling kosten würde, also 5 000 Dollar. Wir wollten außerdem für ein Jahr einen Lehrer finanzieren und Schuluniformen für die geplanten fünfzig Schüler zur Verfügung stellen. Das würde noch einmal etwa

1 500 Dollar kosten. Dazu kamen Tausende an Schul- und Hygieneartikeln, die wir sammeln mussten. Und darüber hinaus sollte noch genug Geld hereinkommen, um für unser »Generation Next«-Team die Reise nach Kenia zu finanzieren, damit wir dort arbeiten konnten.

Im Vergleich zu unseren vorausgegangenen Reisen hatte das Preisschild an unserem jetzigen Vorhaben einige Nullen mehr. Doch wir hatten gelernt, dass Gott, wenn er uns einen bestimmten Weg führt, auch den Plan zur Vollendung bringt und für alles Nötige sorgt. In den zwei Jahren war vielen unserer Freunde und Verwandten unsere Arbeit von »Generation Next« ans Herz gewachsen, und sie hatten schon etwas zu unseren vorigen Reisen beigesteuert. Vielleicht wären sie ja daran interessiert, wieder oder mehr zu spenden. Oder vielleicht würde Gott uns dieses Jahr neue Beziehungen eröffnen, die zu Mitteln und Unterstützung führten. Wie auch immer die Dinge sich entwickeln würden, unser Plan stand fest. Dachten wir jedenfalls.

Wir setzten uns mit der Logistik auseinander und nahmen erneut Kontakt zu Robin auf. Wir erzählten ihr von einigen Highlights unserer ersten Reise nach Kibwezi und dankten ihr noch einmal für ihre Hilfe. Wir berichteten ihr von unserem Vorhaben, in die Gegend zurückzukehren, und dem Grund dafür. Sie war spontan begeistert.

»Das ist wunderbar! Wirklich toll! In dem Fall habe ich eine Idee für euch. Ich glaube, ich habe euch schon einmal erzählt, dass wir in ›Namba‹ versuchen, ein Kinderheim zu gründen, oder?«

»Ja, hast du. Das ist super!«

»Finden wir auch. In den letzten Jahren haben wir ›Namba House‹ gebaut, warten aber noch auf die Genehmigung, dort tatsächlich Kinder unterbringen zu können. Das Haus ist jetzt in einem guten Zustand, aber vielleicht bekommen wir die Kinder erst im nächsten

Winter. Deshalb wollen wir dort über den Sommer eine medizinische Ambulanz beherbergen. Ich bin gerade dabei, ein Team aus kenianischen Ärzten zusammenzustellen und Medizinbedarf zu besorgen. Wir sind fast startklar, aber wir können immer noch Freiwillige für einfache Aufgaben gebrauchen, wie zum Beispiel für die Anmeldung und Grunduntersuchung der Patienten. Und es würde auch nicht schaden, etwas mehr Geld für Medizinbedarf zu haben. Wenn ›Generation Next‹ daran interessiert wäre, unser Kooperationspartner für die Ambulanz in ›Namba House‹ zu sein, würde ich sehr gern mit euch darüber reden.«

Nicht lange nach diesem Telefonat entschied sich »Generation Next«, die Hygieneprodukte zu besorgen, die Schule des Missionars fertigzustellen und auszustatten und eine mehrtägige medizinische Sprechstunde zu unterstützen. Das war von allem ein wenig, und wir brauchten viel Unterstützung, um alles zu schaffen.

Mehrmals pro Woche arbeiteten wir in unterschiedlichen Formen daran, Spenden für unsere zweite Reise nach Kibwezi zu sammeln.

»Könnten Sie Zahnbürsten oder Zahncreme für die Hygienesets spenden, die wir zusammenstellen?«

»Möchten Sie ein Armband kaufen? Wir benutzen den Erlös, um Kindern in Afrika Schulsachen zu bringen.«

»Dürfen wir in Ihrer Gemeinde mit unserem Team unsere Arbeit vorstellen?«

»Wären Sie daran interessiert, ›Generation Next‹ bei unseren geplanten Projekten in Kenia zu unterstützen?«

In jenem dritten Jahr verbrachten meine Mutter und ich sicher zehn bis fünfzehn Stunden pro Woche mit Vorbereitungen für unsere nächste Reise. Es war ein regelrechter Teilzeit-Job. Es war auch eine große Veränderung, die keiner von uns vorausgesehen hatte. Wir waren doch nur ein paar Familienmitglieder und Freunde, die den

Plan hatten, Schulmaterialien zu Kindern in Afrika zu bringen! Noch gegen Ende des zweiten Jahres unserer Arbeit war uns sogar die Tatsache, dass wir formal eine gemeinnützige Organisation waren, manchmal etwas albern erschienen. Aus unserer Sicht war »Generation Next« einfach hauptsächlich eine Steuerfreistellungsnummer, die wir zum Spendensammeln nutzen konnten. Wir hatten nicht vorgehabt, zu einer Organisation heranzuwachsen. Wir hatten es nicht darauf angelegt, dass andere uns auf unseren Reisen begleiteten, und nicht einmal darauf, dass wir selbst nach Kenia zurückkehrten. Wir wollten doch nur Kindern in Afrika helfen! Doch obwohl wir als Organisation uns nicht um Wachstum bemüht hatten, erwies sich dieses Wachstum doch langsam als günstig.

KAPITEL 18

Großzügigkeit

Unsere nächste Reise nach Kenia rückte näher, und wieder konnten meine Eltern und ich uns auf mehr als nur unser eigenes Abenteuer freuen. Tyler, der Basketballtrainer meines Bruders Cameron, hatte von »Generation Next« gehört und gefragt, ob er und seine Verlobte Dorothy in diesem Sommer uns auf unserem Einsatz begleiten könnten. Außerdem kam noch Graham dazu, ein Highschool-Schüler, den unsere Familie seit Jahren kannte und der seit Kurzem mein fester Freund war. Wir hatten eine gute Gruppendynamik entwickelt, und das war wunderbar. Dennoch war es fast ebenso wichtig, dass wir *sechs* Personen waren – wichtiger als zuvor, denn erstens bedeutete dies, dass wir mehr Personen waren, die Sach- und Geldspenden sammeln konnten. Wir alle konnten in unseren Bekanntenkreisen von Kibwezi und den dort benötigten Dingen erzählen und Unterstützung für die Arbeit von »Generation Next« erbitten. Meine Eltern stellten in ihrer Druckerei ein Schild auf und wiesen ihre besten Kunden darauf hin. Ich flocht Halsketten aus Hanf und verkaufte sie. Tyler warb in seiner Mannschaft für unser Projekt. Und Graham kellnerte im Restaurant seiner Eltern, um das Geld für die Reise aufzubringen. Außerdem konnten wir mit sechs Personen auch mehr Koffer mitnehmen und somit viel mehr Hilfsgüter.

Dazu kam unser Gemeinnützigkeitsstatus, der sich bereits als Schlüsselfaktor erwiesen hatte. Wir konnten so viel mehr Spenden einwerben und bekommen. Wir wurden eher ernst genommen, unsere Arbeit wurde bereitwilliger von Firmen unterstützt, und Gemeinden waren eher bereit, mit uns zusammenzuarbeiten. In kleinen und manchmal auch in großen Schritten halfen Branson und andere Orte in der Gegend uns bei der Vorbereitung auf unseren nächsten Einsatz in Kibwezi. Wieder musste meine Familie die Garage ausräumen, damit wir sie als Sammellager benutzen konnten.

Zusätzlich zu den Schulmaterialien für mehr als fünfzig Kinder in der Missionarsschule hatten wir uns das Ziel gesetzt, zweihundert Hygienesets für Schülerinnen zusammenzustellen. Unser Plan war, dass diese Sets nicht nur Damenbinden, sondern auch andere Artikel des persönlichen Bedarfs enthalten sollten: ein Stück Seife, Handdesinfektionsmittel, eine Zahnbürste und Zahncreme, Zahnseide, Waschmittel, Slipeinlagen und einen Slip. (Die meisten Kinder und Jugendlichen in Kenia besitzen nur ein Paar Unterwäsche, wenn überhaupt, und in Anbetracht der Erfordernisse weiblicher Hygiene dachten wir uns, dass Wechselwäsche nicht schlecht wäre.)

Bei einigen Unternehmen in der Gegend fielen die Sachspenden wie ein Lottogewinn aus. Einmal fragten wir in einem Kosmetikgeschäft nach möglichen Sachspenden, und sie hatten »zufällig« mehrere Kisten Handdesinfektionsmittel dastehen, die nur darauf warteten, verschenkt zu werden. Eine andere gemeinnützige Organisation in der Gegend hatte sie angefragt, aber nie abgeholt, und so gab das Geschäft sie an uns weiter. Ich war für all diese »Zufälle« dankbar. Sie »passierten« uns sehr oft.

Ich lernte auch die Zahnärzte in unserer Gegend viel besser schätzen. Am Anfang unserer Sachspendensammlung besuchten wir einige Zahnarztpraxen, um Zahnpflegeprodukte zu erbitten. Ich weiß nicht warum, aber ich erwartete, dass sie ablehnend reagieren würden. Wahrscheinlich hatte ich mich daran gewöhnt, abgewiesen zu werden: Nur Einzelne waren daran interessiert, uns zu unterstützen, nicht alle. Aber bei den Zahnärzten in Branson war das nicht der Fall. Jede einzelne Praxis, die wir anfragten, spendete bereitwillig. Am Ende hatten wir mehr Zahncreme, Zahnbürsten und Zahnseide, als wir für möglich gehalten hätten, und konnten den Posten »Zahnpflegeprodukte« sofort von unserer Liste streichen.

Bei den meisten anderen notwendigen Materialien halfen uns die Gemeinden in der Gegend. Etwa zweimal im Monat besuchten meine Familie und ich eine neue Gemeinde, die sich bereit erklärt hatte, »Generation Next« in diesem Jahr zu unterstützen. Während des Gottesdienstes bekam ich jeweils die Gelegenheit, unsere Arbeit vorzustellen, was ich dann sehr nervös auch tat.

Nach meiner kleinen Präsentation rief einer der Gemeindeleiter immer zu Spenden auf und wies auf meinen Informationstisch im Foyer hin, wo ich am Ende des Gottesdienstes stehen würde. Die Gottesdienstbesucher halfen immer gerne. Anschließend boten die meisten Gemeinden ihre Foyers oder Gemeindebüros als Sammelorte für die vielen Sachspenden an, die abgegeben wurden.

Im Spätfrühling war in unserer Garage die Großzügigkeit der Menschen deutlich zu sehen. Unsere Freunde, Verwandten und Nachbarn hatten Tausende Artikel für Kibwezi gespendet und auch Geld für den Bau, die Reisekosten und die medizinische Ambulanz gegeben. Wir waren überwältigt von der Unterstützung und Gottes Versorgung. Trotzdem würden wir ihn bald noch einmal um sein Eingreifen bitten müssen.

KAPITEL 19

Mit einem Augenzwinkern

Eines Freitagnachmittags nur wenige Wochen vor unserer Reise nach Kenia gingen meine Mutter und ich hinaus in die Garage, um schon einmal ein wenig zu packen. Einerseits wussten wir, wie viel Spaß es uns machen würde – aber andererseits würde es auch höchst frustrierend sein. Die Garage war einfach unglaublich vollgestopft. Auf einer Seite stapelten sich kistenweise Filz-, Bunt- und Bleistifte, Scheren und Bleistiftspitzer. In der Mitte standen Klapptische mit Stapeln aus Bibeln und Notizbüchern. Auf der anderen Seite hatten wir Kisten voll mit fast allem, was wir für die Hygienesets brauchten.

Meine Mutter und ich waren begeistert über unsere Ausbeute, und es war eine Freude, all die Sachen durchzugehen. Doch als wir anfingen, die gespendeten Artikel zu sortieren und sie in unsere Taschen und Koffer zu packen, wurde uns schmerzlich bewusst, dass etwas Wichtiges fehlte: Damenbinden. Sie waren einfach nicht gespendet worden, und wir konnten uns den Grund dafür gut vorstellen.

Erstens war es den meisten Leuten sicher viel angenehmer, ein paar Hundert Bleistifte auf das Kassenband beim Discounter zu packen als mehrere Großpackungen Damenbinden. So einfach war das. Die Menstruation und die entsprechenden Hygieneartikel sind in den USA längst nicht so ein Tabuthema wie in Kenia, aber selbst in Amerika finden wir es seltsam, damit offen umzugehen. Wir verstecken unsere

Binden und Tampons in Schubladen, Schränken und kleinen Reißverschlusstaschen. Wir nehmen sie so diskret wie nur irgend möglich mit auf die Toilette. Und wenn wir sie auf einer Liste von Dingen sehen, die für Kenia gespendet werden können, kaufen wir wahrscheinlich lieber andere Sachen und überlassen die Binden jemand anderem.

Unsere Garage mit allen im Schulbezirk Branson gespendeten Schulmaterialien

Außerdem sind Damenbinden teuer. So weit unser »Generation Next«-Team sehen konnte, schien das ein kulturübergreifendes Phänomen zu sein, denn in den USA kosten Binden fast genau das Gleiche wie in Kenia. Westliche Haushalte können diese Ausgabe besser verkraften, weil ihr Einkommen viel höher ist. Trotzdem ist es, verglichen mit den meisten Schulartikeln, doch ein relativ hoher Kostenfaktor. Vor allem in Anbetracht der Tatsache, dass Damenbinden ein Wegwerfprodukt sind. Man kann sie nur einmal benutzen, und man braucht mehrere davon pro Monat. Somit ist das ein ziemlich hoher Preis im Vergleich zu Schreibutensilien. Fast jeder andere Artikel, den wir für Kenia sammeln, ist etwas, das über die Gebrauchsdauer hinweg gerechnet nur den Bruchteil eines Cents kostet. Aber Damenbinden, die zwischen zehn und fünfzig Cent pro Stück kosten, bedeuten mindestens 1,50 $ pro Mädchen pro Monat. Das sind umgerechnet fünf Cent pro Tag, nur für Damenbinden. Dieser Preis liegt weit über dem aller anderer Artikel, die eine Schülerin braucht.

Wir wussten keinen Weg mehr, um an die Damenbinden zu kommen, die so dringend gebraucht wurden. »Generation Next« war eine sehr kleine gemeinnützige Organisation. Wir hatten keine regelmäßigen Spender und kein regelmäßiges Einkommen, und wir hatten auch kaum Geld auf der Bank. Wir hatten einfach immer um Sachspenden gebeten, und die Resonanz war fast immer ausreichend gewesen. Fast. Als Organisation hatten wir nicht das notwendige Geld, um ein paar Tausend Damenbinden zu kaufen, und als Familie auch nicht. Ein Geschäft hatte uns einen 50-Dollar-Gutschein geschenkt, aber damit konnten wir nur acht Großpackungen Binden kaufen – nicht annähernd das, was wir brauchten, wenn wir an ganzen Schulen Hygienesets ausgeben wollten.

Auf einem der Tische in unserer Garage lagen 200 Geschenktüten aus Papier, die unsere Hygienesets werden sollten. Sie waren groß genug, um alles an Hygiene- und Körperpflegeartikeln hineinzupacken, was wir für die Mädchen gesammelt hatten. Wir wollten jeder Schülerin eine geben. Doch ich fragte mich, ob sie ohne die Damenbinden überhaupt viel nützten.

Ich stand mitten in der Garage und schaute mich eine Weile um. Dann sagte ich: »Mom? Können wir mal über etwas reden?«

Sie packte gerade Buntstifte in einen Koffer. »Klar, Schatz.«

Ich holte tief Luft. Dann sagte ich, was ich lange Zeit verdrängt hatte. »Ich glaube, wir bekommen das mit den Hygienesets dieses Jahr nicht hin, wenn wir keine Binden bekommen.«

»Du denkst wirklich daran, die Sets gar nicht zu machen? Ganz sicher?«

»Ja, ich glaube schon. Nicht ohne die Binden. Sie sind doch der Hauptgrund, warum wir die Sets überhaupt machen wollten.«

Meine Mutter seufzte. »Ich weiß. Mensch, ich habe gebetet, dass wir so etwas nicht erst denken müssen.«

»Ich auch.« Ich biss mir auf die Lippe. Meine Mutter und ich schauten unsere Vorräte an. Nach einer Weile sagte sie dann: »Okay. Wir haben nur noch ein paar Wochen, bevor wir abreisen. Wenn wir nichts weiter bekommen, ist es wohl klüger, die Sets nicht zu machen. Inzwischen können wir weiter beten und versuchen, uns etwas einfallen zu lassen. Ist das ein Plan?«

Also vertagten wir das Gespräch und packten weiter. Trotzdem blieben wir nachdenklich, während wir die verschiedenen Taschen und Koffer um uns herum füllten. Wir hatten uns fast ein Jahr lang darauf gefreut, die Hygienesets zu verteilen. Es war schwer einzusehen, dass daraus wahrscheinlich nichts werden würde. Wahrscheinlich würden die Mädchen in Kibwezi die Hygieneartikel nicht bekommen.

Ungefähr eine halbe Stunde später – wir waren in der Garage immer noch schwer beschäftigt – klingelte das Mobiltelefon meiner Mutter. Sie schaute auf die Anruferkennung und lächelte. »Das ist Grandma«, sagte sie und strich über das Display, um das Gespräch anzunehmen. Es war nicht ungewöhnlich, dass meine Großmutter uns anrief. Wir telefonierten mindestens einmal pro Woche miteinander, wenn nicht noch öfter. Ein Gespräch mit ihr gehörte zu unserem Familienalltag. Doch an diesem Tag sollte der Anruf meiner Großmutter etwas Außergewöhnliches sein.

»Hallo«, begrüßte meine Mutter sie. »Ich habe dich auf Lautsprecher.«

»Okay, super. Gut, dass ihr beide da seid, denn ich rufe an wegen ›Generation Next‹. Ich war heute bei der Arbeit, und ich glaube, ich habe etwas, das euch helfen könnte.«

Meine Großmutter hatte ein Talent dafür, unserer kleinen Organisation mit kreativen Ideen zu helfen. Außerdem arbeitete sie aushilfsweise als Schulkrankenschwester in einer Schule ein paar Autostunden entfernt, also hatte sie oft eine gute Vorstellung von den benötigten und vorhandenen Materialien.

»Wir sind ganz Ohr!«, sagte meine Mutter.

»Also, wenn ihr noch die Binden für eure Reise braucht ... ich bin in der Schule, und wir haben gerade drei Kisten gratis bekommen. Wir haben noch so viel auf Lager, dass wir sie unmöglich alle gebrauchen können. Hättet ihr noch Platz ...«

Ich ließ sie gar nicht ausreden. »Ja! Ja! Wir nehmen sie. Wir nehmen sie alle!«

Meine Großmutter lachte. »Na, das war ja einfach.«

»Mom und ich haben gerade darüber gesprochen, dass wir für die Hygienesets noch Binden brauchen, Grandma!«

»Na perfekt! Dann ist doch allen geholfen. Ich räume sie gleich beiseite, und dann machen wir einen Termin aus, wann ich sie euch in den nächsten Tagen bringe.«

Strahlend schaute ich meine Mutter an, aber sie lächelte nur flüchtig zurück. Ich konnte sehen, wie es in ihrem Gehirn arbeitete.

»Ist es normal, dass Schulen große Lieferungen an Damenbinden bekommen und sie nicht verwenden?«, fragte sie.

»Ich glaube schon, jedenfalls an den Mittelschulen und den Highschools«, erwiderte meine Großmutter.

Meine Mutter schaute mich mit hochgezogenen Augenbrauen an. »Okay. Wenn du nichts dagegen hast, legen wir jetzt auf und rufen bei Rileys Highschool an.«

Damit verabschiedeten wir drei uns voneinander und meine Mutter rief in meiner Schule an. Nachdem sie sich zur Schulkrankenschwester hatte durchstellen lassen, erklärte sie kurz, was wir in Kibwezi machten und warum wir Damenbinden brauchten.

»Haben Sie zufällig in der Schule noch Binden herumliegen, die Sie nicht brauchen?«

Tatsächlich waren gerade erst an diesem Tag neun Kisten angekommen, erklärte die Schwester. Neun Kisten! Und sie brauchten keine einzige davon. Nachdem wir monatelang versucht hatten, alles aufzutreiben, was wir brauchten, und nun fast entschieden hatten, dass aus den Hygienesets nichts mehr werden würde, schenkte Gott uns zwölf Kisten Damenbinden in weniger als einer halben Stunde! Das reichte für 200 Hygienesets, aber das hätte mich nicht überraschen sollen. Für eine ganze Lieferung Damenbinden auf einmal zu sorgen, war genau die Art von Wunder, die Gott immer wieder für »Generation Next« getan hatte. Er schenkte uns genau – was wir brauchten – genau zur richtigen Zeit, keinen Augenblick zu spät oder zu früh.

Solche Erlebnisse sind im Lauf der Zeit zu einem fast unverkennbaren Muster geworden. Wir landen mit einem Problem, das uns irgendwie unlösbar erscheint, in der Sackgasse. Dann denken wir über jede Lösung nach, die uns selbst einfällt, bis wir alle Alternativen ausgeschöpft haben. Schließlich kapitulieren wir und akzeptieren, dass unser Vorhaben sich doch nicht umsetzen lässt. Dann greift Gott ein, der schon von Anfang an alles im Griff hatte, und wendet das Blatt in einem einzigen Augenblick. Plötzlich ist das Unerreichbare geschafft. Was vorher unmöglich erschien, lässt sich plötzlich realisieren.

Obwohl Gott sich mir inzwischen schon oft gezeigt hatte, hatte ich mich in der Situation, die vor meiner Nase war, verheddert und vergessen, dass Gott größer als alles ist. Ich hatte geglaubt, dass er uns die Sache mit den Hygienesets aufgetragen hatte, doch an seiner Fähigkeit gezweifelt, uns auch die Mittel zum Erfüllen dieses Auftrags zu geben. Seine Antwort auf meine Zweifel war keine Strafe, sondern unübersehbare Gnade. Man könnte sogar sagen, es war Humor: Er hatte wie aus dem Nichts unser Problem gelöst! Das sind die Momente, in denen Gott keinen Raum für Zweifel daran lässt, dass die Ehre ihm gehört.

Natürlich könnte man sicher noch theoretisch an seiner Güte zweifeln, selbst bei etwas so Offensichtlichem. Sicher gibt es Menschen, die behaupten, dass Gott in Geschichten wie diese nicht eingreifen und sich nicht um unsere kleinen Alltagsbanalitäten kümmern würde.

Man kann es aber auch ganz anders deuten: Der Schöpfer aller Dinge findet Wege, sich denen zu zeigen, die er erschaffen hat. Wenn ich in einem Land wie Kenia leben und jeden Tag mit der Frage aufwachen würde, ob es heute genug zu essen und zu trinken für mich geben würde, und wenn es jedem, den ich liebe, genauso ginge, dann bräuchte ich vielleicht keine großen, plakativen Gesten, um für Gottes Versorgung dankbar zu sein. Wenn ich weniger von dem hätte, was ich brauche, würde ich mich vielleicht mehr daran erinnern, wie sehr ich Gott brauche. Wenn ich darauf vertrauen würde, dass Gott mir gibt, was mir fehlt, müsste er mich vielleicht nicht immer wieder daran erinnern, dass ich ihm vertrauen kann.

Gott hätte jedes Recht, mich jedes Mal mit einem Blitz zu erschlagen, wenn ich seine Macht vergesse oder seine Großzügigkeit mir gegenüber übersehe. Stattdessen ist er immer da, wenn ich wieder einmal begreife, wie sehr ich ihn brauche. Er zeigt sich mit einem Augenzwinkern und einem Lächeln, damit ich das Wunder nicht übersehe.

KAPITEL 20

Heilung und Hoffnung

Nachdem wir 2012 in Kibwezi eintrafen und die Fortschritte am »Namba House« sahen, verstanden wir, warum Robin es als idealen Ort für eine medizinische Ambulanz für die ganze Stadt ansah. Für kenianische Verhältnisse war es riesig: Es gab zwei Etagen mit mehreren Räumen unten und einer Zwei-Zimmer-Wohnung oben. Das Erdgeschoss war so groß, dass es einen riesigen zentralen Bereich und zwei separate Flügel hatte.

Zusammen mit Robin und ihrem Team bereiteten wir die Ambulanz vor, indem wir am Tor des Grundstücks einen einfachen Empfangstisch aufbauten sowie eine Wartezone direkt vor dem Gebäude, eine große Aufnahme direkt am Eingang, abgeteilte Behandlungszimmer dahinter und schließlich eine Apotheke mit allen Medikamenten und Vitaminpräparaten einrichteten. Die Werbung für die Ambulanz lief nur als Mundpropaganda – hauptsächlich hatten Burgwin und andere Sozialarbeiter die Information verbreitet – und zwar mit großem Erfolg. Wir öffneten die Türen der Ambulanz früh an einem Dienstagmorgen, und da hatte sich bereits eine lange Schlange gebildet.

Unser »Generation Next«-Team half einerseits dabei, Vitaminpräparate und Medikamente für die Ambulanz zu besorgen, und betreute andererseits das Wartezimmer und die Aufnahme. Einige von uns behielten das Tempo der Abläufe im Auge und brachten Patienten von draußen nach drinnen, sobald Plätze frei wurden. Der Rest von uns hatte die Aufgabe, die verschiedenen Stationen in der Aufnahme zu besetzen. Bewaffnet mit einem einfachen Blutdruckmessgerät und einem Pulsoximeter, maßen und notierten wir die Vitalfunktionen aller Patienten, die in die Ambulanz kamen.

Über drei lange Arbeitstage hinweg empfing und behandelte unsere Mannschaft aus Ärzten und Ehrenamtlichen mehr als 1 300 Patienten, im Durchschnitt über 400 pro Tag. Zum Vergleich: Das waren vier Mal so viele Patienten wie in einer Notaufnahme in Branson über einen Zeitraum von 24 Stunden. Und unsere Dienste deckten ein breites Spektrum ab: von kostenlosen Malaria- und HIV-Tests über das Entfernen von Kakerlaken aus Ohren und die Behandlung von Skorpionstichen bis hin zur Versorgung von Schnitt- und Brandwunden.

Meine Eltern und ich nach den Ambulanztagen in Kibwezi

Am vierten Tag verteilten wir alle 200 Hygienesets an drei verschiedenen Mädchenschulen in Kibwezi. Am Abend zuvor hatten wir im Kambua-Gästehaus alle Hygieneartikel in die pastellfarbenen Geschenktüten gepackt, an denen jeweils ein kleiner Anhänger befestigt war, auf dem »Nur für Mädchen« stand. Es war toll, all diese Sets bereit zur »Auslieferung« zu sehen, und wir waren nicht die Einzigen, die das fanden!

Burgwins Tochter Barbara, die ich im Jahr zuvor nach einem Volleyballspiel kennengelernt hatte, und ich waren gute Freunde geworden. Wir hatten uns regelmäßig E-Mails geschrieben und freuten uns darauf, uns bei unserer zweiten Reise wiederzusehen. Barbara hatte die Erlaubnis bekommen, sich einen Tag schulfrei zu nehmen, um uns zu helfen, die Hygienesets zu verteilen. Als Burgwin also an jenem Morgen mit einem Mietwagen zu uns kam, um uns abzuholen, war sie bei ihm. Nach einer festen Umarmung für mich und schüchternen Umarmungen für alle anderen half Barbara uns, die Sets und uns ins Auto zu verfrachten, und dann ging es los zu unserer besonderen »Lieferung«.

Wir wurden in allen Schulen freundlich empfangen, meist mit einem Grußwort von einem leitenden Angestellten und dann einem oder zwei Liedern von den Schülern. Danach versammelten wir die Schülerinnen in einem Raum, damit wir ihnen die Sets zeigen und erklären konnten. Die Schülerinnen in einer der Schulen hatten noch nie weiße Menschen gesehen, geschweige denn Zahnseide. Deshalb wollten wir sichergehen, dass sie die neuen Produkte verstanden, bevor sie sie anwendeten.

Ich stand mit einem Set in der Hand und einer Dolmetscherin an der Seite vorn, nahm einen Artikel nach dem anderen aus der Tasche und beschrieb den Mädchen, was sie heute bekommen würden. Da sie bereits Englisch in der Schule hatten, verstanden sie größtenteils, was ich sagte. Manchmal wurden die Beschreibungen aber etwas technisch, und dann erklärte die Dolmetscherin es ihnen auf Suaheli oder einer anderen Muttersprache. (Stellen Sie sich einmal vor, Sie müssten den Unterschied zwischen Seife und Handdesinfektionsmittel in Ihrer zweiten oder dritten Fremdsprache verstehen.)

Das erste Mädchen, das ein Hygieneset von »Generation Next« bekommt

Die Mädchen konnten es kaum erwarten, die Sets in der Hand zu halten. In allen drei Schulen gab es ungläubiges Raunen, als ich eine Tube Zahncreme in Reisegröße aus meinem Muster-Hygieneset zog. Andere schlugen vor Freude die Hände über den Mund. Unsere großzügigen Zahnärzte aus Branson hätten die Szene ganz bestimmt herzerwärmend gefunden!

Als ich eine Damenbinde hochhielt, kicherten die Mädchen zuerst, wie es wahrscheinlich bei allen Teenagern auf der Welt der Fall gewesen wäre. Doch als die Dolmetscherin und ich erklärten, dass fünfzehn Stück davon in jedem Hygieneset steckten, schnappte die gesamte Gruppe nach Luft. Ein solcher Vorrat war ein richtiger Schatz für diese Mädchen!

Eine Mädchengruppe bei unserem Hygienetag im Kambua-Gästehaus

Nachdem wir alles genau beschrieben hatten, händigte unser »Generation Next«-Team jedem Mädchen feierlich ein Set aus. Die gesamte Gruppe dankte uns überschwänglich mit Applaus, Umarmungen und freundlichen Worten. Man hätte meinen können, wir hätten ihr Leben für immer verändert.

Doch mitten in diesem Trubel empfand ich ein seltsames Unbehagen. Fünfzehn Damenbinden. Nur fünfzehn. Als wir an jenem Tag von der letzten Schule wegfuhren, sagte ich zu meiner Mutter: »Diese Binden reichen ungefähr einen Monat. Und was machen sie dann?«

Diese Frage konnte keiner von uns beantworten, doch ich wusste, was *ich* tun wollte. Ich wollte so bald wie möglich mit noch mehr Hygieneprodukten nach Kibwezi zurückkehren.

KAPITEL 21

Die Einweihung

Bei dieser Reise wurden wir nicht einmal annähernd mit der Grundschule in Kathyaka fertig. Als wir abreisten, waren die Fenster und Türen immer noch nur Aussparungen in den Wänden. Der Betonfußboden war noch nicht gegossen und an fast allen Wänden fehlte der Putz, ganz zu schweigen davon, dass sie auch noch grundiert und gestrichen werden mussten.

Wir hatten einen (in unseren Augen) einfachen Plan zur Fertigstellung der Schule entworfen, der wir den Namen »Pamoja« (»zusammen«) gaben. An jedem Tag, den wir auf der Baustelle verbrachten, heuerten wir zu unserer Unterstützung mehrere Arbeiter aus der Stadt an. Mumo, John und Burgwin hatten uns ebenfalls ihre Zeit und Arbeitskraft zur Verfügung gestellt. Das bedeutete, dass wir jeden Tag mehr als ein Dutzend Personen am Schulrohbau hatten. Wir hatten fast zwei Wochen für die Fertigstellung eingeplant. Mit so vielen Helfern, wie wir sie hatten, dachten wir uns, dass dies ein großzügiger Zeitrahmen wäre. Es gab genug helfende Hände, um die Arbeit zu erledigen, und reichlich Puffer für Überraschungen... dachten wir.

Was wir jedoch nicht einkalkuliert hatten, waren die Esel.

Wenn man in den USA eine Ladung Material für ein Projekt braucht und bei der Bestellung angibt, dass sie an einem bestimmten Tag und zu einer bestimmten Zeit eintreffen soll, kann man vernünftigerweise erwarten, dass es auch so sein wird. So funktionieren Wirtschaft und Handel nun einmal bei uns. Firmen sind stolz auf ihre pünktlichen Lieferungen, und Verzögerungen werden generell nicht einfach hingenommen. Jeder weiß, dass zur termingerechten Ausführung einer Arbeit die Materialien von Anfang an vorliegen müssen, und so kümmern sich die Verantwortlichen darum, dass das dann auch so ist.

Bau unserer Schule »Pamoja«

Nicht so in Kathyaka. Hier war das Vorgehen ein völlig anderes: John ging in die Stadt, um je nach Bedarf unser Material zu ordern, das nach der Bestellung auf Eseln zur Baustelle geliefert wurde. Eine bessere Möglichkeit gab es nicht: Entweder wir kauften alle Baumaterialien auf einmal und riskierten, sie nachts unbeaufsichtigt herumliegen zu lassen, oder wir mussten uns mit den Eseln arrangieren. Da wollten wir unser Glück doch lieber mit den Lasttieren versuchen.

Mit anderen Worten, wir warteten. Jeden Tag. Und warteten. Nachdem wir alles getan hatten, um die Arbeiten des Tages vorzubereiten – Müll einsammeln, störenden Wildwuchs ausreißen oder Unebenheiten im Lehmboden im Gebäude beseitigen – war bald nichts mehr an Vorbereitungen zu tun und wir hielten am Horizont nach unseren Eseln Ausschau. Um die Zeit zu überbrücken, spielten wir mit Johns und Eunice' Kindern, lernten unsere Arbeiter besser kennen, schrieben in unsere Tagebücher und trugen *noch einmal* Sonnencreme auf. Wenn dann der Eselskarren uns endlich die Ziegelsteine oder Zementsäcke brachte, oder was auch immer wir geordert hatten, machten wir uns an die Bauarbeiten und nutzten die restlichen Stunden Tageslicht, so gut wir konnten. Doch die Zeit reichte einfach nicht aus.

Im folgenden Sommer bei unserer vierten Reise nach Kenia stand die Fertigstellung des Schulgebäudes in Kathyaka ganz oben auf unserer Liste. Da wir die »Esel-Zeit« mit einkalkulieren mussten, war uns klar, dass es nicht schnell gehen würde. Aber irgendwann war der Tag der großen Eröffnung gekommen.

An diesem Morgen wachte ich auf und wollte aus meinem Bett springen, musste aber feststellen, dass ich mich in meinem Moskitonetz verfangen hatte... wieder einmal. Als ich mich befreit hatte, hüpfte ich aus dem Bett, zog mein T-Shirt über und meinen Rock so weit hoch, dass der Saum gerade meine Füße streifte. Dann ging ich ins Esszimmer, wo alle anderen bei Eiern, frischem Obst und Toast saßen, und wir stärkten uns gemeinsam für unseren großen Tag. Schließlich hörten wir das Röhren von Motoren, als eins... zwei... drei... vier *Boda-Bodas* vorfuhren, um uns abzuholen. Wir schnappten uns die Schulmaterialien, Uniformen und Tüten voller Lutscher, und los ging es.

Als wir vor der Schule hielten, wurden wir mit lautem Kreischen und von vielen kleinen Armen empfangen, die an unserer Kleidung zupften. Fünfzig kleine Gesichter. Fünfzig Mal strahlendes Lächeln.

Hundert süße kleine Hände, die sich uns zu einer Umarmung entgegenstreckten. Überraschenderweise waren auch etwa fünfzig Erwachsene da, die auf im Halbkreis aufgestellten Plastik-Gartenstühlen saßen. Ich lächelte und winkte ihnen zu, als sie mir nachschauten, wie ich zu Johns und Eunice' Haus ging, das nur etwa sechs Meter vom Schulgebäude entfernt stand. Wir hatten Eunice als Lehrerin eingestellt, und sie war bemerkenswert begabt.

Der letzte Schliff für »Pamoja«

Zuerst brachten wir alle Mädchen in Eunice' kleines Haus und zogen ihnen ihre neuen Schuluniformen an. Ich hatte eine passende Uniform in meiner Größe anfertigen lassen, also ging ich in ein Nebenzimmer und zog sie ebenfalls an. Als ich wieder herauskam, überraschte es mich nicht, dass die Kinder loskicherten, weil das große weiße Mädchen genau wie sie gekleidet war. Dann stellten wir die Mädchen in einer Reihe auf, um sie zur Schule zu führen, damit sie an ihren neuen Tischen sitzen und sich an ihrem neuen

Klassenzimmer freuen konnten. Als wir aus dem Haus kamen, gab es noch lauteres Gelächter von allen Eltern beim Anblick des weißen Mädchens, das in einer kenianischen Schuluniform steckte.

Bald kamen die Jungen hinzu, ebenfalls in ihren neuen Schuluniformen und mit Graham im Schlepptau, der genau wie sie angezogen war. Als alle saßen, machten wir schnell ein paar Fotos, und dann gingen wir wieder nach draußen zum Spielen. Wir spielten Fußball und kuschelten mit den Babys, während das Mittagessen zubereitet wurde. Nach dem Essen versammelten wir uns alle vor der Schule zu einer kleinen Zeremonie.

John war als Erster an der Reihe, denn er hatte maßgeblich an unserem Traum für dieses Projekt mitgewirkt. Er dankte uns für unsere harte Arbeit an der Schule und dafür, dass wir mehr darin gesehen hatten als einen leeren, kaputten Rohbau, der nach einem tragischen Todesfall verlassen dastand. Dann lud er mich ein, »Pamoja« förmlich zu eröffnen.

Ich ging nach vorn und spürte die Blicke der etwa einhundert versammelten Personen auf mir. In den Jahren, in denen wir kenianische Schulen besucht hatten, hatte ich mich etwas daran gewöhnt, Reden zu halten, aber ich hatte immer noch Lampenfieber, wenn ich vor größeren Gruppen sprechen sollte. Ich holte tief Luft. Wenn irgendeine Rede wichtig war, dann diese.

»Es ist sehr aufregend, einen so besonderen Tag mit euch allen zu erleben!«, begann ich. Dann schaute ich die kenianischen Eltern an und sprach sie direkt an: »Danke für Ihre wunderbaren Kinder.« Ich brachte die Hoffnung unseres Teams zum Ausdruck, dass eine gute Schulbildung der Beginn einer guten Zukunft für die Kinder von »Pamoja« sein möge, und dass Gott sie auf ihrem Lebensweg führen, ihr Herz schützen und sie bewahren möge. Ich dankte ihnen für ihre Unterstützung und dass sie uns erlaubten, mit ihren Kindern zu arbeiten.

Dann drehte ich mich zum Schulgebäude hinter mir um, wo ein dünnes Laken an der Wand neben der Tür zum Klassenzimmer befestigt war. Ich schob es beiseite, und darunter kam ein besonderer, in schwarzer Farbe angebrachter Schriftzug zum Vorschein:

Gebäude übergeben von »Generation Next«
Riley Banks
20. Juni 2013

Geschafft!

Wir hatten für diesen Moment eine Schale mit schwarzer Farbe vorbereitet. Als ich der Gruppe den Schriftzug laut vorlas, tauchte ich meine Hand in die Farbe, drückte sie an die Wand und hinterließ meine persönliche Spur – meinen Handabdruck am Eingang der Schule. Dieses Zeichen war dem Logo von »Generation Next« nachempfunden, nämlich der Form einer Hand mit dem Umriss des afrikanischen Kontinents darin. Es erinnerte uns an unsere Vision, die wir von Anfang an hatten: dass gewöhnliche Menschen Außergewöhnliches bewirken können, jeder mit seinem eigenen Leben. Dieser Traum hatte uns auf einem manchmal äußerst kurvenreichen Weg getragen, doch die Voraussetzung war immer die gleiche geblieben: Wir wollten Gottes Liebe zum Ausdruck bringen, indem wir Grundbedürfnisse stillten. Wenn wir im Namen von Jesus Christus Kindern in Kenia irgendeine Art von Hilfe bringen konnten, selbst in kleinen Schritten, dann würden diese Kinder vielleicht eines Tages besser verstehen, dass Christus die Quelle aller Rettung ist. Vielleicht würden sie ihn suchen und für immer von ihm verändert werden. Und vielleicht würde diese Veränderung in ihrem Inneren auch eine Veränderung in ihrem Umfeld bewirken. Vielleicht konnte es sein wie der Tropfen, der im Wasser Kreise zieht: Geliebt von Gott, würden sie ihre Mitmenschen lieben und ihnen so Rettung bringen. Vielleicht würde diese Generation von Kindern in Kenia alles verändern. Aber vielleicht würde es auch nicht über das hinausgehen, was wir bisher getan hatten.

Ich mit allen Kindern von »Pamoja« bei der großen Eröffnung

Nach der Feier wusste ich nicht, wie ich die riesige Freude zum Ausdruck bringen sollte, die ich verspürte, außer mit einem strahlenden Lächeln und hin und wieder einem Lachen, das aus mir hervorsprudelte. Ich wollte diesen Kindern einen Ort geben, an dem sie Kinder sein, Spaß haben und in einer sicheren Umgebung lernen konnten. Und ich wollte das alles nicht nur für diese Kinder tun. Ich wollte auch nach Hause kommen und diese erstaunliche Geschichte Hunderten Menschen erzählen, damit sie sich dazu ermutigen ließen, ihren eigenen Träumen zu folgen.

Als wir einige Tage später wieder nach Nairobi fuhren, um dann nach Hause zu fliegen, rasten meine Gedanken immer noch und mein Herz war voll – und auch etwas besorgt. Bevor ich nach Kenia gereist war, war eigentlich alles, was ich kannte, angenehm und ausgefüllt gewesen. Ich hatte nie allzu ernste Sorgen gehabt. Kein Teil meines Lebens »stand auf dem Spiel«, jedenfalls nicht mehr als für jeden anderen Fast-Teenager in einem gutbürgerlichen Vorort in Amerika. Das war das einzige Leben, das meine Freunde und ich kannten: behaglich und sicher.

Und vielleicht oberflächlich. Und vielleicht ein bisschen zu zahm.

Im Gegensatz dazu sah ich in Kenia überall große Probleme. Viele Familien mussten jeden Tag ums Überleben kämpfen und hatten manchmal, wenn sie abends schlafen gingen, nur eine einzige Mahlzeit an diesem Tag zu sich genommen. Eine einzige Krankenhausrechnung – und in Kenia kann man krank werden, wenn man einfach nur Wasser trinkt – konnte die Finanzen einer Familie auf Jahre aus dem Lot werfen. Manche Kinder konnten nicht zur Schule gehen, weil sie täglich kilometerweit laufen und Wasser für die Familie holen mussten. Kleinkinder erlitten oft schreckliche Verbrennungen, weil sie in Kochstellen mit offenem Feuer stolperten. Junge Frauen waren bereit, fast alles – und manchmal widerwärtige

Dinge – zu tun, nur um das Geld zu bekommen, das sie brauchten, um zur Schule zu gehen. Sie wussten, dass Bildung ihre einzige Chance war, später ein gutes Einkommen zu erzielen und die Armut zu durchbrechen, die sie andernfalls in der Zukunft erwartete.

Mit anderen Worten, ich sah in Kenia Menschen, in deren Leben fast alles auf dem Spiel stand. Ich sah, dass sie Träume hatten, die unerreichbar waren, und dass sie dafür regelmäßig große Risiken eingingen. Vor allem aber sah ich den tiefen Glauben der kenianischen Christen – Christen, die Gott hatten und sonst nicht viel. Diese Menschen erwarteten *alles* von Gott. Tagtäglich vertrauten sie darauf, dass er sie mit Nahrung, Kleidung, Fürsorge auf ihren Wegen, Hilfe in finanziellen Problemen, Heilung von Krankheiten und vielen anderen Dingen versorgte.

Und sie waren glücklich. Sie waren *so glücklich*. Ich hatte noch nie eine so tiefe Freude und einen so tiefen Glauben gesehen, und diesen Glauben fand ich so verblüffend schön! Er setzte sich über alles hinweg, was ich zu der Zeit an geistlichem Verständnis besaß, und ich merkte, wie sich nach und nach mein Blick auf fast alles änderte. Wenn man Menschen sieht, die alles, was sie besitzen, für eine gute Sache geben, hinterlässt das einen besonderen Eindruck. Wenn man dazu noch Menschen sieht, die vertrauensvoll alles von Gott erwarten, was sie brauchen, fühlt man sich bemüßigt, einmal das eigene Leben zu überdenken. Dabei kann herauskommen, dass der eigene Glaube schwankend und die eigenen Überzeugungen oberflächlich sind. Bestenfalls weckt das den Wunsch, diese Dinge mit Strunk und Stiel aus dem eigenen Leben auszureißen.

Als ich auf mein Leben vor Kenia zurückblickte, sah ich, dass ich gerne mal faul war, mich lieber entspannte und gerne bequem durchs Leben ging als hart zu arbeiten. Und ich sah, dass ich eigentlich *nicht* wusste, wie schwer Arbeit tatsächlich sein konnte. Ich musste nie für mein Essen, meine Kleidung, meine Schule, meine medizinischen Behandlungen oder das Dach über meinem Kopf arbeiten, und ich hatte es beileibe nicht für andere getan. Ich sah, wie undankbar ich für all die *Dinge* in meinem Leben war, wenn ich bedachte, wie wenig meine Freunde in Kenia hatten. Ich sah, wie ungehörig es war, dass ich erwartete, immer genug von allem zu haben. Ich sah, wie lächerlich es war, dass ich mich nie umgeschaut und erkannt hatte, wie unglaublich reich ich war.

Vor allem sah ich aber, dass ich mich bisher nicht so auf Gott verlassen hatte, wie ich eigentlich konnte. Die Träume, die ich vor Kenia hatte, waren nur so groß, dass ich auch allein damit zurechtkam – ich hatte nur selten von etwas geträumt, zu dem ich Gott *brauchte*. Und ich hatte kaum den Drang, anderen von meinem Glauben zu erzählen. Ich verhielt mich so, als hätten sie und ich alle Zeit der Welt.

Doch die habe ich nicht, die haben sie nicht, die haben wir alle nicht.

In der Zeit, die ich bisher in Kenia verbrachte, war ich kühner, wagemutiger, unerschrockener und vertrauensvoller geworden. Mein Glaube war gestärkt worden. Meine Träume waren um ein Vielfaches gewachsen und nun so groß, dass ich sie nicht mehr allein erreichen konnte. Nichts davon konnte ich mir selbst zuschreiben. Der Mut und die Abhängigkeit von Gott, die ich jetzt in meinem Leben erkannte, waren immer noch winzig im Vergleich zu dem, was meine kenianischen Freunde immer wieder an den Tag legten. Sie halfen mir, Gottes Güte und Versorgung als solche zu erkennen. Sie inspirierten mich zu Dankbarkeit und Freude, zeigten Charakterstärke und Mut.

Doch ich konnte unmöglich wissen, welchen Glauben ich bei meiner Rückkehr nach Hause brauchen würde. Vor mir lag der Schock meines Lebens.

KAPITEL 22

Etwas fehlt

Branson, Missouri, Ende September in meiner Mittagspause. Wie jeden zweiten Tag in letzter Zeit zog ich mein Telefon heraus und schickte meiner Mutter eine Nachricht:
Weißt du schon etwas?
Heute endlich fiel ihre Antwort anders aus.
Ja, ich weiß etwas.
Sag's mir!!!
Nicht per SMS Wir reden gleich nach der Schule darüber. Mach dir keine Sorgen. Ich hab dich lieb.

Den Rest des Tages über versuchte ich, mich nicht vollständig von den Ergebnissen meiner MRT[1]-Untersuchung aus der Ruhe bringen zu lassen. Ich absolvierte meine Schulstunden und versuchte, mich auf den Stoff zu konzentrieren. Danach ging ich zum Volleyballtraining. Hin und wieder gelang es mir, für ein paar Minuten meine Aufmerksamkeit ganz der Aufgabe vor mir zu widmen – einem mathematischen Problem, einem naturwissenschaftlichen Test, einer schnellen Reaktion beim Blocken oder einem starken Aufschlag – aber hauptsächlich verbrachte ich den Nachmittag damit, mir Sorgen zu machen und zu beten.

---

[1] MRT: Magnetresonanztomografie (Anm. d. Übers.)

Vor einigen Wochen hatte ich eine MRT-Untersuchung gehabt. Es war die dritte von mehreren unerwarteten und unangenehmen medizinischen Episoden, darunter ein Besuch in der Notaufnahme wegen Schmerzen im Brustkorb und Schwindel. Das Ergebnis der Untersuchung war überflüssiges Gewebe in meinem Herzen. Ich hatte auch starke Rückenschmerzen, die das Ergebnis von vier vorgewölbten Bandscheiben waren. Und dann kam ein Ultraschall, der so schlecht gelaufen war, dass das MRT notwendig geworden war.

Vor alledem stand ein Termin bei Dr. Allison, der stattfand, weil meine Mutter sich wegen meiner Symptome Sorgen machte. Hinzu kam die Tatsache, dass ich im Alter von sechzehn Jahren immer noch nicht meine Periode hatte.

»Riley«, sagte die Ärztin mit einem beruhigenden Lächeln, »die Untersuchungen werden bestimmt ergeben, dass du ganz normal und gesund bist. Aber ich will sichergehen und noch eine Ultraschalluntersuchung machen. Ich denke, du hast schon genug medizinische Rätsel. Sehen wir zu, dass wir jetzt eine richtige Diagnose bekommen, okay?«

Die Empfehlung eines neuen Tests entlockte meiner Mutter ein erleichtertes Seufzen, aber ich war entnervt. Es erschien mir unnötig, mich noch einer Prozedur zu unterziehen, nur damit mir jemand definitiv die Diagnose »Spätentwicklerin« stellte.

Ich hatte erwartet, dass der Ultraschall eine reine Routineuntersuchung ist – nur ein paar Bilder, und dann konnten meine Mutter und ich wieder nach Hause gehen. Es war mir gar nicht in den Sinn gekommen, dass es einen Grund zur Beunruhigung geben könnte. Doch von Anfang an war an der Ultraschalluntersuchung nichts Routine.

Zuerst informierte mich die Laborantin[2], dass meine Blase nicht voll genug sei, sodass sie nicht genug erkennen konnte. Wir unterbrachen die Untersuchung, ich trank eine Flasche Wasser und ließ sie wirken. Eine Stunde später lag ich wieder auf der papierüberzogenen Untersuchungsliege und hatte erneut kaltes Kontaktgel auf dem Bauch. Nun hieß es, meine Blase sei *zu* voll, um etwas zu erkennen. Ich sollte meine Blase »etwas entleeren« – versuchen Sie das aus Spaß selbst einmal! –, und dann ging es von vorn los.

Bei der dritten Runde lag ich eine weitere Stunde im Untersuchungsraum, während die Laborantin den Schallkopf über meinen gesamten Unterbauch bewegte. Sie drückte damit so kräftig in meine Haut, dass ich eine Weile überlegte, ob sie jetzt testete, wie viel ich aushalten konnte, bevor ich mir in die Hose machte. Doch sie wandte den Blick nicht von dem Computerbildschirm vor ihr ab, und nach einer halben Stunde begann sie, auf der Innenseite ihrer Wange herumzukauen. Mit gerunzelter Stirn sagte sie: »Ich sehe einfach nicht, was ich sehen sollte.«

Sie sagte es mehr als einmal, und jedes Mal, wenn ihre Worte durch den schwach beleuchteten, sterilen Raum hallten, klangen sie unheilvoller. Mein Blick huschte immer schneller umher: vom besorgten Gesichtsausdruck meiner Mutter zu dem Schallkopf, der sich über meinen Bauch bewegte, von den zerknitterten Rändern des Papiers unter meinen Beinen zu den mitgenommenen Deckenfliesen über mir, von dem Kabelchaos hinter dem Computer zu der ratlosen Besorgnis auf dem Gesicht der Laborantin. Als diese den Schallkopf wieder an den Ultraschall-Wagen steckte, hatte sie immer noch nicht gesehen, wonach sie gesucht hatte.

---

[2] In den USA werden viele Untersuchungen, die in Deutschland nur von Ärzten durchgeführt werden, routinemäßig von anderem spezialisierten medizinischen Fachpersonal vorgenommen. (Anm. d. Übers.)

»Ich glaube, das Beste ist jetzt«, sagte sie dann, »dass wir ein MRT bei dir machen, Riley. So können wir eindeutige Bilder von dem bekommen, was ich hier nicht sehe, und wir können herausfinden, was mit dir ist.«

Die nächste Woche über versuchte ich mir einzureden, dass diese Worte nicht so beängstigend waren, wie sie klangen. Doch das Warten auf die MRT-Ergebnisse war jeden Tag ein Nervenkrieg. Darum erschien mir jetzt, da ich wusste, dass sie da waren, ein ganzer Nachmittag mit Unterricht und Training endlos. Darum rannte ich, sobald das Training vorbei war, mit meiner Sporttasche in Lichtgeschwindigkeit durch die Umkleidekabine. Den ganzen Heimweg über betete ich. *Bitte, Gott. Bitte, Gott.* Ich rief schon nach meiner Mutter, bevor ich halb durch die Hintertür war.

Sie saß am Küchentisch und wartete auf mich. Die MRT-Bilder und einige Dokumente lagen vor ihr ausgebreitet.

»Hallo«, sagte ich atemlos und beeilte mich, zu ihr an den Tisch zu kommen. Mit einer einzigen Bewegung nahm ich meinen Rucksack ab und setzte mich.

»Hallo.« Sie lächelte halb – ich konnte ihren Gesichtsausdruck nicht richtig deuten. Dann blinzelte sie mich ein bisschen an. »Bist du bereit?«

»Ja.«

»Ganz sicher?«

Ich nickte.

»Okay.« Sie holte tief Luft und atmete aus.

Zuerst erklärte sie mir den leichten Teil der Diagnose. Meine Krankheit war angeboren, sie betrifft das Zentrum des Körpers einer Frau, und die Diagnose erklärte vieles, von meinen Schwindelanfällen und den Bandscheibenvorwölbungen bis hin zu der Herzanomalie und jedem anderen medizinischen Rätsel, vor dem ich in den letzten Jahren gestanden hatte. Doch meine Mutter verstand auch, dass die größte Frage, die ich jetzt hatte, die war, die beim Ultraschall aufgekommen war: *Ist es wirklich nicht vorhanden?*

Ohne Drama oder Hinauszögern griff sie nach einem der Dokumente und einem der großen Bilder auf dem Tisch. Sie legte beides direkt vor mich und deutete auf fünf Worte oben auf dem Dokument: *Mayer-Rokitansky-Küster-Hauser-Syndrom.* Dann erklärte sie mir die Situation so drastisch, wie sie war.

»Du hast diese Krankheit«, sagte sie. »Sie wird meist als MRKH bezeichnet und bedeutet im Prinzip, dass du keine Kinder bekommen kannst.«

Ich zwinkerte. Ich schluckte. »Gar nicht?«

Sie schüttelte den Kopf und seufzte noch einmal. »Nein, nie.«

In meinem Kopf drehte sich alles. »Und wieso war das jetzt im MRT zu erkennen?«

Meine Mutter deutete auf zwei verschwommene Formen rechts und links am Rand des Bildes. »Hier sieht man, dass du zwei Eierstöcke hast, hier und hier, aber hier sollte deine Gebärmutter sein – und das ist sie nicht.«

Sie schwieg eine Weile und schaute in mein verwirrtes Gesicht. Dann fuhr sie fort: »Deine Gebärmutter war das, was die Laborantin beim Ultraschall nicht finden konnte, und das MRT bestätigt, dass sie nicht vorhanden ist. Das ist leider der entscheidende Hinweis auf MRKH: Frauen mit dieser Krankheit sind ohne Gebärmutter auf die Welt gekommen. Daher wissen wir, dass du diese Krankheit hast.«

Noch einmal gab sie mir Zeit, um die Nachricht auf mich wirken zu lassen. »Es tut mir leid, Riley.«

Sehr lange sagte ich gar nichts. Selbst bei all den seltsamen Symptomen, die ich immer hatte, war die Diagnose MRKH eine komplette

Überraschung für mich. Ich hätte damit ungefähr so sehr wie mit einem Kometeneinschlag direkt neben mir gerechnet.

Ein Kometeneinschlag, genau das war es. Wenn so etwas kommt, kommt es mit zu viel Wucht, zu viel Geschwindigkeit und zu viel Hitze, um sanft zu landen. Stattdessen gibt es eine Kollision. Eine Explosion. Einen schwelenden Trümmerhaufen.

Ich war noch nie ein Mensch, der sich so leicht von irgendetwas aufhalten lässt, aber diese Diagnose brachte mich zum Stillstand. Selbst eine Weile später, nachdem der erste Schock nachließ, fand ich die Diagnose völlig unbegreiflich. Ich hatte keine Ahnung, wie ich damit umgehen sollte. Ich hatte keine Ahnung, wie ich versuchen sollte, damit fertigzuwerden.

KAPITEL 23
Aus den Fugen

Zuerst waren meine Gedanken so frustrierend. Plötzlich hatte ich ständig Kinder im Sinn, und gleichzeitig war es mir unmöglich geworden, vernünftig über Kinder nachzudenken. Immer, wenn Kinder in meiner Nähe waren oder mir einfielen – was jetzt fast ständig der Fall war –, fühlte ich mich entweder verwirrt, kindisch, naiv, getroffen oder eine Kombination aus alledem. Ich konnte mich einfach nicht bremsen.

Ich liebe Kinder, schon immer. In den letzten vier Jahren meines Lebens hatte ich den größten Teil meiner Freizeit damit verbracht, mit Kindern zu arbeiten oder über die Arbeit mit Kindern nachzudenken; insofern waren meine Gedanken nicht neu. Doch in der Vergangenheit hatte ich immer über die Kinder anderer Leute nachgedacht. Jetzt dachte ich plötzlich über meine eigenen Kinder nach.

Ich war sechzehn und hatte gerade die Diagnose MRKH erhalten, und so war das ständige Nachdenken über »meine« Kinder recht bizarr. Doch obwohl ich immer davon ausgegangen war, dass ich eines Tages Kinder bekommen würde, hatte ich vor meiner Diagnose nie konkret über eigene Kinder nachgedacht. Manche Mädchen meines Alters behaupteten, schon genau zu wissen, wie viele Kinder sie eines Tages haben wollten. Manche suchten sogar schon erste und zweite Vornamen für beide Geschlechter aus. Aber ich hatte nicht einmal im Entferntesten Tagträume über eigene Kinder gehabt. Ich hatte gerade meine Fahrerlaubnis gemacht, und mein Schulabschluss war noch über eineinhalb Jahre entfernt. Ich würde zuerst aufs College gehen und dann vielleicht einen weiteren akademischen Abschluss machen oder einige Jahre arbeiten. Erst dann wäre ich bereit, ernsthaft über Verlobung und Ehe nachzudenken und vielleicht auch über Schwangerschaft und Kinder. Für mich waren Familienpläne jeglicher Art noch weit weg. Doch plötzlich hatte ich diese Krankheit, diese nicht vorhandene Gebärmutter, die alle anderen Pläne und Ideen über den Haufen warf.

Wenn man noch nicht einmal ernsthaft über Mutterschaft nachgedacht hat, ist es schwer, die Nachricht, keine Kinder bekommen zu können, als echten Verlust wahrzunehmen. Unfruchtbarkeit ist ein starker Einschnitt, selbst für jemanden, der nicht viel über Familiengründung nachgedacht hat. Wenn ich eine Frau mit Babybauch sah, dachte ich sofort: *Das werde ich nie erleben*. Wenn ich Kinder auf dem Spielplatz sah, kamen mir trübe Gedanken. Wenn ich eine Mutter mit einer kleinen Tochter oder einen Vater mit einem kleinen Sohn sah, die ihnen wie aus dem Gesicht geschnitten waren, hatte mein erster Gedanke nichts damit zu tun, wie niedlich sie zusammen aussahen, sondern war stattdessen: *Für meine Familie unmöglich*.

Andererseits war ich erst sechzehn. Keiner meiner Mitschüler oder Altersgenossen hatte Kinder, und gegenwärtig war das auch kein wichtiges Thema für uns. Daher *fehlte* mir im Grunde nicht wirklich etwas. Ich hatte nicht *tatsächlich* etwas verloren, sondern nur das Gefühl, dass mir eines Tages etwas verloren gehen würde. Ich kann nicht sagen, dass ich an diesem Punkt schon trauerte, aber ich wusste, dass auf mich Trauer zukam.

Gibt es so etwas wie Vor-Trauer? Voraus-Kummer? Vielleicht versuchte ich einfach, etwas zu begreifen, was mir irgendwann fehlen würde, damit ich, wenn es so weit war, eine Vorstellung davon hatte, wie ich es vermissen sollte. Das Ganze war ein einziges mentales Chaos, und an manchen Tagen hatte ich das Gefühl, als wäre ich aus den Fugen geraten. Das Durcheinander an widersprüchlichen Gedanken und Gefühlen wirkte sich auch auf mein Verhalten aus. Ich zweifelte meine Entscheidungen an, selbst in Situationen, die eigentlich normal waren. Mein Verhalten wurde befangen, so als wüsste ich plötzlich nicht mehr, wie ich mich verhalten soll. Und ich traf Entscheidungen, die unüberlegt und untypisch für mich waren.

Zunächst verließ ich meine Volleyball-Mannschaft, ganz plötzlich und mitten in der Saison. Ich liebte Volleyball, so lange ich zurückdenken konnte, und ich hatte immer Wert daraufgelegt, mein Wort zu halten. Trotzdem sagte ich meinem Trainer aus heiterem Himmel, dass ich aufhören wollte. Ich sagte mir, dass meine Entscheidung an der Gruppendynamik lag: Die Mannschaft war mir zu zickig geworden, das war alles. Dabei ließ ich geflissentlich unter den Tisch fallen, dass ich vor der MRKH-Diagnose immer mit den Turbulenzen in unseren Teenager-Freundschaften zurechtgekommen war, ohne Probleme.

Dann verhielt ich mich meinem Freund gegenüber immer seltsamer. Graham ist einer der freundlichsten, hilfsbereitesten, treuesten, zuverlässigsten Menschen, die ich kenne. Er und ich waren seit der Mittelschule dicke Freunde, und seit unserem ersten Highschool-Jahr waren wir unzertrennlich. (Ich weiß nicht, ob man von einer »Beziehung« reden kann, wenn es um zwei Vierzehnjährige geht.) Ich hatte keinerlei Absichten, mit diesem sechzehnjährigen Jungen über Kinder zu reden; wir waren nicht annähernd bereit, um über eine Familie zu sprechen. Zudem hatte ich keinen Grund zu glauben, dass Graham wegen meiner (nicht vorhandenen) Gebärmutter unsere Beziehung beenden würde. Nichts, was ich je mit ihm erlebt hatte, hätte mir Anlass zu dieser Annahme gegeben.

Trotzdem hatte ein Teil von mir plötzlich panische Angst, dass MRKH eines Tages für Graham ein Trennungsgrund sein könnte. Ich machte mir Sorgen, dass er vielleicht nach einem Fluchtweg aus unserer Beziehung suchen könnte. Unfruchtbarkeit wäre in dieser Hinsicht ein absolut vernünftiges Argument. *Niemand würde das anzweifeln*, sagte ich mir immer wieder. Aus dem Nichts wurde ich zu einer unsicheren, übergeschnappten Partnerin in unserer Beziehung.

Eines Tages, als Graham und ich mit dem Auto unterwegs waren, stellte er mir eine harmlose Frage über meine vielen Arzttermine in letzter Zeit. Doch statt ehrlich und offen zu antworten, wich ich dem Thema aus.

Er fragte einfach: »Schatz, geht es dir gut? Ich meine, ist irgendwas los, dass du so viele Arzttermine hast?«

Sein Ton war besorgt und liebevoll. Doch sofort raste mein Puls, mein Magen verknotete sich und ich erstarrte. »Ist nur Mädchenkram«, antwortete ich mit einem unsicheren Lächeln. Dann wechselte ich rasch das Thema.

Auch mit keiner meiner Freundinnen redete ich über mein Problem. Ich habe wunderbare Freundinnen, und ich war mir sicher, dass ich mich besser fühlen würde, wenn sie Bescheid wüssten. Aber ich war noch nicht bereit dazu. Ich machte mir Sorgen, dass Unfruchtbarkeit ein seltsames Thema unter uns Teenagern sein könnte. Ich befürchtete, es könnte uns unangenehm sein. Doch vor allem war ich wohl besorgt, dass die Leute mich anders behandeln würden, wenn sie von meiner Krankheit erfahren würden.

Also zog ich mich zurück, obwohl ich normalerweise mehr Zeit mit meinen besten Freundinnen verbrachte. Stattdessen isolierte ich mich. Ich schrieb in mein Tagebuch, ich sprach mit meiner Familie, ich verkroch mich in meinem Zimmer und las. Das sind alles Dinge, die ich gern tue; aber sie zu tun, weil ich etwas anderem aus dem Weg gehen wollte, machte mich einsam und traurig. Es ging für mich innerlich nicht vor und nicht zurück. Ich verstand, dass es nie wieder so werden würde wie vor meiner Diagnose, und ich verstand, dass große Veränderungen schwer zu verdauen sind. Ich versuchte, Geduld mit mir zu haben und abzuwarten, bis ich mich nach und nach mit meiner neuen Situation zurechtfand. Trotzdem war ich unruhig, so als ginge mir das alles nicht schnell genug.

Ich wollte einfach, dass all dieses Neue endlich zur Normalität wurde und ich irgendwie aufstehen und weitergehen konnte. Ich wollte wenigstens einen kleinen Fortschritt sehen. Doch das war ein weiterer Punkt, den ich *nicht* fertigbrachte – neben dem Umstand, dass ich meine Gedanken *nicht* sortiert und mein Verhalten *nicht* in den Griff bekam. Ich konnte scheinbar nur zurückblicken. Über meine Zukunft dachte ich in der Zeit eigentlich nicht nach. Stattdessen gingen mir immer wieder Dinge durch den Kopf, die bereits geschehen waren.

Warum tat ich das? Mit jedem Kapitel, das ich erneut aufschlug, bewertete ich neu, was dieses Kapitel bedeuten und wie viel Gewicht es heute haben sollte. Es war so, als versuchte ich, mein bisheriges Leben zu revidieren. Es war, als suchte ich nach einer ganz neuen Perspektive, denn aus einem anderen Blickwinkel würde ich vielleicht mein Leben wieder verstehen. All diese alten Kapitel hatten einen klaren, zusammenhängenden Sinn: Sie fügten sich nahtlos ineinander; sie gehörten zu einer Geschichte, die ich verstand. Doch jetzt plötzlich löste sich das ganze Bild in seine Einzelteile auf, und mitten in dem Durcheinander hatte ich einen starken Verdacht: All das hatte etwas mit Kenia zu tun.

KAPITEL 24

Zukunft und Hoffnung

Einige Wochen nach der MRKH-Diagnose brachte ich endlich den Mut auf, meiner Freundin Kassadee davon zu erzählen. Ich hatte mich lange genug isoliert und zurückgezogen, und jetzt war es für mich an der Zeit, mich zu öffnen. Wenn irgendjemand mir helfen konnte, herauszufinden, wie ich unter den neuen Umständen weitermachen sollte, dann stand meine beste Freundin ganz oben auf der Liste.

Kassadee und ich waren schon seit der Grundschule befreundet. Wir wohnten beide als Kinder im gleichen Schulbezirk, und wir freundeten uns durch unsere Liebe zu den gleichen Büchern an. Wir tauschten Empfehlungen aus und stellten uns zusammen als unsere Lieblingsfiguren vor, fest überzeugt davon, dass wir genau wie sie wären. Es war eine perfekte Freundschaft zwischen zwei Bücherwürmern, und auch heute noch teilen wir unsere Liebe zu Büchern.

Über die Jahre hatten Kassadee und ich so ziemlich alles übereinander erfahren, was zwei junge Frauen übereinander wissen können. Wir sprachen offen über viele Dinge des Lebens, selbst wenn sie schwer zu verkraften waren. In vielerlei Hinsicht war Kassadee mir da ein Vorbild. Ihre Mutter hat eine seltene Krankheit mit unbekannter Ursache, die unter anderem chronische Schmerzen verursacht. Es ist ein schwerer, ständiger Kampf, der sich auf ihre ganze

Familie auswirkt. Ich wünschte, die Situation wäre anders für Kassadee und ihre Familie. Dabei konnte ich bisher miterleben, wie sie alle mit innerer Größe mit den schweren Umständen dieser chronischen Krankheit umgehen. Ich durfte die Stärke ihres Glaubens darin sehen, wie sie Gott inmitten ihrer Fragen und ihres Leidens vertrauen. Das war immer inspirierend für mich, schon lange bevor ich mich durch MRKH persönlich damit zu identifizieren lernte.

Schon vor dem Gespräch mit meiner besten Freundin wusste ich daher, dass sie Verständnis haben würde. Ich erwartete, dass ihre Perspektive vielleicht hilfreich für einige meiner Fragen sein würde. Und ich hoffte, dass sie mir helfen konnte, wieder zu einem festen Vertrauen auf Gott zu gelangen, statt geistlich im Wind zu schwanken.

Am Tag unseres Treffens kam ich etwas früher in das Café und besetzte einen ruhigen Tisch in der Ecke. Kassadee kam einige Minuten nach mir. Nachdem wir am Tresen unsere Getränke bestellt hatten, setzten wir uns hin, nahmen jeweils einen Schluck und sahen einander an. Einige Sekunden lang warteten wir beide. Dann holte ich tief Luft und begann zu erzählen.

Ich machte es wie meine Mutter und sagte die schwersten Dinge zuerst. »Bei mir wurde eine Krankheit festgestellt, die MRKH heißt, und das bedeutet, dass ich nie Kinder haben werde.« Kassadees erste nonverbale Reaktion war so lieb und besorgt, dass sich bei mir die Schleusen öffneten. In den nächsten zwei Stunden redeten wir über alles.

Anfangs redete hauptsächlich ich und Kassadee hörte zu. Ich erklärte, wie ein Arzttermin zum nächsten geführt hatte, bis irgendwann die Diagnose feststand. Dann hörte sie weiter zu, während ich laut nachdachte und beschrieb, wie verwirrt, verloren und frustriert ich mich fühlte.

»Ich verstehe einfach nicht, warum Gott mir das passieren lässt«, sagte ich. »Du weißt, wie sehr ich Kinder liebe, und ich weiß, dass ich eine gute Mutter wäre. Also warum? Ich sehe, wie Teenager schwanger werden, bevor sie heiraten – aber ich versuche, Gottes Plan zu gehorchen, und dafür darf ich dann nie Kinder bekommen? Was habe ich falsch gemacht? Habe ich ausgerechnet das nach allem, wie ich versucht habe, Gott zu folgen und zu dienen, wirklich verdient?«

Kassadee hörte geduldig zu. Ich seufzte tief auf und fuhr fort, wie ich fast unersättlich in Gottes Wort nach einer Antwort oder Trost oder ein wenig Hilfe oder einfach *irgendetwas* gesucht hatte. Ich sagte ihr, dass ich stundenlang betete und unzählige Seiten in meinem Tagebuch geschrieben hatte. Ich erzählte auch, dass es mir nicht zu helfen schien.

»Ich *weiß*, dass jedem schwere Dinge zustoßen«, sagte ich. »Und ich verstehe, dass Christ zu sein nicht zwangsläufig ein leichtes Leben bedeutet. Es ist nur so ... ich verstehe es einfach nicht.«

Und damit hörte ich auf zu reden.

Kassadee nippte ein paar Mal an ihrem Kakao und ließ alles erst einmal sacken. Dann stellte sie die Tasse ab und beugte sich zu mir über den Tisch.

»Riley«, sagte sie, »diese Gedanken und Fragen sind ganz logisch. Ich kann verstehen, warum du so denkst.« (Ich habe Ihnen ja gesagt, dass Kassadee eine gute Freundin ist!)

In den folgenden Minuten erzählte Kassadee etwas davon, wie sie und ihre Familie Gott über die Jahre mit Fragen bombardiert und nach Antworten gesucht hatten, die anders ausfielen als diejenigen, die sie bekamen. Sie gab zu, wie schwer es ist, mit Enttäuschungen umzugehen, besonders wenn es keinen Grund gibt zu erwarten, dass sich das Problem lösen wird. Und sie versicherte mir, dass sie mich ermutigen und unterstützen wollte, ganz gleich, in welcher Form ich mir das wünschte.

»Weißt du, Riley, mir fällt immer wieder Jeremia 29,11 ein: ›Denn ich weiß genau, welche Pläne ich für euch gefasst habe... Mein Plan ist, euch Heil zu geben und kein Leid. Ich gebe euch Zukunft und Hoffnung.‹ Ich muss immer wieder daran denken, wie du mit dreizehn Jahren auf die andere Seite der Welt gereist bist und dich in das Land verliebt hast. Gott hat dich an einen Ort geführt, an dem es so viele Waisenkinder gibt – so viele Kinder ohne Mütter –, und jetzt stehst du da und kannst keine eigenen Kinder bekommen.«

Sie unterbrach sich ein paar Sekunden, als wüsste sie nicht, ob sie weiterreden sollte. Sie biss sich einen Moment lang auf die Unterlippe und zuckte dann leicht die Schultern. »Vielleicht passiert das alles, weil Gott dir etwas über deine Zukunft sagen will. Vielleicht hat er dich nach Kenia gerufen, weil es eine Chance ist, für mehr Kinder zu sorgen, als du selbst je bekommen könntest.«

Da in dem Café, in dem Augenblick, als Kassadee von den Waisenkindern und Kenia sprach, war es nur der Hauch einer Idee für mich. Alles andere aus unserem Gespräch war noch zu wund und ich war längst nicht bereit, eine neue Perspektive zu verdauen. Doch in den folgenden Tagen und Wochen hallten ihre Worte immer wieder bei mir nach, und ich fing an, sie als langes, tiefes Rumoren zu empfinden – wie ein Erdbeben tief in meinem Inneren. Und zum ersten Mal seit längerer Zeit dachte ich wieder über meine Zukunft nach.

KAPITEL 25
Eine neue Richtung

Sollte Kenia weiterhin ein großer Teil meines Lebens sein? War der Dienst an ostafrikanischen Waisenkindern der, zu dem ich berufen war? War Kassadee hier etwas auf der Spur? Sah sie einen Plan, den ich noch nicht erkennen konnte, als sie mir gegenüber diesen Gedanken aufbrachte?

Oder war es vielmehr möglich, dass diese Optionen einfach mentale Umwege um meine Trauer herum waren? Könnte es sein, dass ich darüber nachdachte, weil ich wollte, dass mein MRKH einen »Zweck« und eine Bedeutung hat? Wünschte ich mir nur, dass etwas Gutes aus meiner Diagnose entstand, oder arbeitete Gott wirklich an mir? Und wenn ja, was hatte es zu bedeuten?

Es war kein Zufall, dass meine Diagnose gerade dann kam, als ich anfangen musste, über meine langfristige Zukunft nachzudenken. In den Jahren zuvor hatte ich so viele Arzttermine gehabt, hatte so viele Tests über mich ergehen lassen und war so oft von meiner Mutter gefragt worden, ob irgendetwas nicht stimmte, dass die Krankheit eigentlich schon vor Jahren hätte entdeckt werden müssen. Stattdessen kam sie erst jetzt ans Licht. Meine Arbeit in Kenia rückte mir wieder scharf in den Blick, weil sie ein so wichtiger Teil meines Lebens war, und weil sich in einer Krise die Prioritäten leicht ordnen. Nachdem ich mir wochenlang Sorgen über mich selbst und meine

Zukunft gemacht hatte, wurden diese persönlichen Fragen plötzlich von etwas Wichtigerem übertroffen.

Mit der Zeit erkannte ich, dass es keine grausame Ironie war, eine junge Frau, die Kinder liebt, an einer solchen Krankheit leiden zu lassen. So schmerzhaft und enttäuschend meine Diagnose war (und noch ist), wurde sie doch erstaunlicherweise zu einer Quelle des Trostes und sogar der Freude. Ich begann zu erkennen, dass die Krankheit mich mehr von Gott abhängig machte und mehr Interesse bei mir weckte, anderen zu dienen. Das könnte nicht nur etwas Nützliches, sondern sogar etwas *Gutes* in meinem Leben sein. Vielleicht würde ich sogar eines Tages zurückblicken und sagen, dass ich mich freiwillig dafür entschieden hätte, wenn die Entscheidung bei mir gelegen hätte.

In meinem letzten Schuljahr dachte ich also nicht nur über mögliche Studiengänge und meinen bevorstehenden Schulabschluss nach. Ich begann auch zu beten, um Gottes Pläne mit Kenia und mir zu erfahren. Inwiefern würde sich die Arbeit von »Generation Next« ändern, wenn nun der Schwerpunkt auf der Arbeit für Waisenkinder lag? Bedeutete die Fortsetzung unserer Arbeit in Kenia, dass ich weiterhin einmal pro Jahr dorthin reisen würde, wie ich es bisher getan hatte? Oder sollte ich mehr vor Ort arbeiten?

Während ich also um Klarheit betete, kam mir immer wieder ein Gedanke: »Generation Next« könnte ein Waisenhaus finanzieren und betreiben. Wir könnten das in der Gegend tun, in der wir schon in den letzten drei Jahren gearbeitet hatten und in der wir gute Beziehungen zu Menschen hatten, denen wir vertrauten. Es wäre kein Problem, zuverlässige Arbeiter zu bekommen, und durch unsere Kontakte in Kenia könnten wir sogar von den USA aus die Arbeit im Blick behalten.

Ich will gar nicht sagen, dass ein Waisenhaus uns als einfache Aufgabe erschien, besonders in Anbetracht aller bürokratischen Hindernisse, die wir bereits bei Robins Bemühungen gesehen hatten – sie konnte immer noch nicht das Kinderheim »Namba House« eröffnen. Dennoch war ich optimistisch. Ich hatte andere Waisenhäuser in Kenia gesehen, die ausgezeichnete Arbeit leisteten. Warum also nicht auch wir?

Mithilfe meiner Eltern und meiner Kontakte in Kenia begann ich Möglichkeiten zu prüfen, ein Grundstück oder ein Gebäude zu kaufen. Das ging weit über alles hinaus, was »Generation Next« bisher getan hatte. Doch ich glaubte fest daran, dass Gott uns Türen öffnen und mit finanziellen Mitteln versorgen konnte, wie er es schon so oft getan hatte.

Ich arbeitete mich also in das Fachchinesisch des internationalen Rechts ein und versuchte herauszufinden, welche Anträge wir stellen und welchen Prozess wir durchlaufen mussten. Außerdem recherchierte ich, welches Personal und welche Betriebsvoraussetzungen wir brauchten. Ich wollte verstehen, wie viel Geld und wie viel Arbeiter vor Ort nötig waren, um ein Waisenhaus in Gang zu bringen und dann in Gang zu halten. Ich nahm Kontakt zu mehreren Freunden auf, die Waisenhäuser in Afrika betreiben, alle an ganz unterschiedlichen Orten. Da sie das geschafft hatten, was ich vorhatte, und da sie es alle etwas unterschiedlich taten, nahm ich an, dass ich von ihnen viele Informationen, Ressourcen und Ideen bekommen konnte.

Das war ein Irrtum. Jeder dieser Freunde sagte mir, dass der Prozess viel schwieriger war, als er aussah. Sie erzählten mir Horrorgeschichten über Grundstückskäufe, Genehmigungen und Anwaltshonorare. Es könne mit einer Genehmigung bis zu zehn Jahren dauern.

Mein Freund in Südafrika war besonders schonungslos: »Lass es unbedingt bleiben.«

Ich nahm mir ihre Gedanken und Ratschläge zu Herzen. Gleichzeitig erinnerte ich mich aber daran, dass Gott bei meinen Erlebnissen in Afrika vielfach meine Erwartungen übertroffen hatte. Also betete ich um Weisheit und Einsicht. Ich bat Gott, mir zu zeigen, was eine langfristige Verpflichtung gegenüber Waisenkindern in Kenia bedeuten würde. Dann wartete ich, um zu sehen, welche Türen Gott öffnen und welche er schließen würde.

KAPITEL 26

Aus heiterem Himmel

Etwas mehr als einen Monat nach meiner MRKH-Diagnose bekamen wir nicht ein, sondern zwei große und unerwartete Angebote für unsere Arbeit in Kenia. Zusammen bedeuteten sie, dass eine langfristige Arbeit in Afrika plötzlich eher möglich erschien, und gleichzeitig beantworteten sie die Frage nach dem Waisenhaus.

Die erste Anfrage »aus heiterem Himmel« kam von Robin. Meine Eltern und ich bekamen eine E-Mail von ihr, in der sie uns sagte, dass sie gern etwas Wichtiges mit uns besprechen würde. Ob wir in den nächsten Tagen vielleicht chatten könnten?

Sofort bereiteten wir den Videochat vor. Wir waren gespannt zu hören, was Robin zu sagen hatte, besonders nach meinem Gespräch mit Kassadee. Ich hatte angefangen, Kibwezi mit neuen Augen zu sehen, und fragte mich, ob Gott mich vielleicht dazu berief, eines Tages dauerhaft dort zu leben. Hatte er mich nach Bomet und dann nach Kibwezi gebracht, auf einer Reise von Bleistiften und einem Krankenhaus zu Damenbinden und einer Schule, weil er ein noch größeres Abenteuer auf Lager hatte?

Als Robin auf unserem Bildschirm auftauchte, tauschten wir erst einige Neuigkeiten aus, und dann kam Robin gleich zur Sache. »Vielleicht fragt ihr euch, warum ich euch alle drei um einen Videochat gebeten habe.«

Wir lächelten und nickten.

»Wie ihr wisst, versuchen wir schon lange, alle Genehmigungen für unser Kinderheim im ›Namba House‹ zu bekommen. Es hat bisher noch nicht geklappt, und ich frage mich langsam, ob das im Moment die richtige Richtung für ›Namba‹ in Kibwezi ist. Ich habe mich bei euch gemeldet, weil das Gebäude größer ist, als wir es gerade brauchen und wahrscheinlich je brauchen werden. Wir können es immer noch für einige unserer Projekte nutzen, aber ich habe überlegt, ob ›Generation Next‹ vielleicht Verwendung für den Rest des Gebäudes hätte?«

Meine Eltern und ich starrten einen Moment lang stumm auf den Bildschirm. Dann drehten meine Eltern sich zu mir um und warteten, während ich nach Worten suchte.

Ich sagte Robin, wie freundlich ich ihr Angebot fand, und fragte sie, ob wir uns bei ihr einmieten könnten.

»Die kurze Antwort ist nein«, erwiderte sie. »Wir haben das Gebäude zu einem günstigen Preis gebaut, und ich will kein Vermieter sein. Mein Vorschlag ist folgender: Wenn ihr bereit wärt, euren Teil des Gebäudes zu renovieren, würde ich es euch auf absehbare Zeit kostenlos nutzen lassen. Es ist in einem guten Zustand, aber ihr müsstet noch die Ausstattung und Farbe besorgen, die ihr braucht ...«

Es folgte ein weiteres ehrfürchtiges Schweigen. Irgendwann fanden meine Eltern und ich genug Worte, um noch einige zusätzliche Fragen zu stellen. Dann fragten wir Robin, ob wir uns einige Wochen Zeit nehmen könnten, um über ihr Angebot nachzudenken, und sie signalisierte ihr Verständnis.

Gegen Ende unseres Chats war ich unsicher. Obwohl alles fantastisch klang, erschien es mir doch verfrüht. Obwohl »Generation Next« intensiv darüber nachgedacht hatte, in Kibwezi ein Waisenhaus zu eröffnen, bräuchten wir doch sehr viel mehr Zeit und Geld, um unsere Pläne umsetzen zu können. In einigen Jahren könnte Robins Angebot eine gute Möglichkeit für uns sein, aber im Moment war es zu früh dafür.

Nach unserem Gespräch mit Robin überlegten wir zwei Wochen, ob wir das Projekt doch realisieren könnten. Wir rechneten herum, fanden aber keine einzige realistische Strategie. Es gibt Glauben – und es gibt Wahnsinn. Ohne die nötigen finanziellen Ressourcen hinter einem so wichtigen Projekt war die Idee einfach mehr als verrückt.

Dann bekam meine Mutter eines Morgens einen unerwarteten Anruf von Marilyn, einer Frau aus unserer Gegend. Meine Familie hatte über Freunde von Marilyn gehört, doch keiner von uns hatte je mit ihr gesprochen. Sie und ihr Mann leiteten den »Branson Boys and Girls Club«, und ein Teil ihrer Arbeit für die Dachorganisation bestand in der Bewirtschaftung eines Secondhandshops in der Stadt. Der Laden brachte ein regelmäßiges Einkommen für ihre gemeinnützige Arbeit, aber sie wollten ihn gern loswerden.

Nun bot Marilyn ihren Laden »Generation Next« an. Einfach so. Wir könnten ihn komplett übernehmen, sagte sie – das Inventar, das Gebäude, alles. Der Laden war voll funktionstüchtig und hatte ein paar Hundert Quadratmeter komplett ausgestatteter Verkaufsfläche, neben mehreren Lagerräumen und einer Laderampe. Er sollte Zehntausende Dollar Einkommen pro Jahr erzielen. Wir hätten zwar viel Arbeit, aber für »Generation Next« würde regelmäßig Geld reinfließen. Wenn wir den Laden haben wollten, müssten wir nur zugreifen!

Binnen weniger Wochen halfen meine Eltern mir, das Geschäft zu übernehmen, und wir alle begannen mit unserer ehrenamtlichen Arbeit bei »Riley's Treasures« in der Innenstadt. Wieder einmal sahen wir Gottes »verrückte« Seite in all ihrer Herrlichkeit, und das Waisenhaus von »Generation Next« war nun kein bloßer Traum mehr.

KAPITEL 27

Auf dem Wasser gehen

»Riley's Treasures« bestand noch nicht lang, da wurde es auch schon unsere Sammelstelle für unsere nächste Reise nach Kenia. Diese sollte anders sein als alles, was »Generation Next« bisher gesponsert hatte. Wir rechneten damit, dass es der Beginn von etwas war, das auf lange Zeit in Kibwezi fortbestehen würde.

Wir wollten einen ganzen Schiffscontainer mit Dingen für das Waisenhaus füllen und unsere mit einundzwanzig Personen bislang größte Gruppe von Ehrenamtlichen organisieren. Wir begannen, Kleidung zu sammeln, Schuhe, Baby- und Kinderbettchen, Babyausstattungen – einfach alles, was wir brauchten, um Waisenkinder in Kenia zu versorgen. Trotz der Warnungen meiner Freunde aus aller Welt schien uns klar zu sein, dass Gott die notwendigen Türen für »Generation Next« öffnete, um ein Waisenhaus zu gründen.

Ein internationales Waisenhaus binnen weniger Monate aus der Taufe zu heben, war ein großes Ziel, aber alles schien glattzulaufen. Die Bewohner von Branson spendeten fleißig und brachten Windeln, Strampler, Kindersöckchen und -unterwäsche, Bücher, Möbel – einfach alles, was wir vielleicht brauchen könnten. Unsere Vorfreude auf das Waisenhaus wuchs im gleichen Maß wie die Ausstattungsstapel. Gemeinden und Geschäfte aus der Gegend unterstützten uns erneut kräftig. Dieses Mal brachten sie einen großen Teil der Logistikkosten für unseren Schiffscontainer auf.

Meine Familie und ich waren wahnsinnig beschäftigt. Meine Eltern hatten zwei Ober- und einen Mittelschüler. Plötzlich waren wir Eigentümer eines Secondhandladens, ganz zu schweigen von den vielen Hilfsgütern. Wir waren dabei, ein Waisenhaus in Kenia zu gründen, dazu eine weitere Reise nach Übersee zu unternehmen und die gesamte Logistik zu organisieren, die dazugehörte. Und wir versuchten, auch die »normalen« Teile unseres Lebens weiterzuführen: Gemeinde, Schule, Sport, Freundschaften – die ganze Palette.

Neben all dem hatte ich beschlossen, eine weitere Reise zu machen. Jedes Jahr lädt eine Familie in Arkansas eine kleine Gruppe von amerikanischen Oberschülern, die kurz vor ihrem Abschluss stehen, zu einer Reise nach Israel ein. Sie bezahlen eine zehntägige Erkundungstour des Heiligen Landes, wo die Schüler bekannte biblische Orte besuchen und die Geschichte hautnah erleben können. Ein Pastor begleitet die Gruppe und gibt an jeder Station Unterricht in biblischer Geschichte. Das Ziel der Reise ist, die Schüler darauf vorzubereiten, Gottes Geschichte überall in ihrem Leben nach ihrem Highschool-Abschluss zu erzählen.

Als ich von der Israelreise hörte, war ich begeistert. Dort könnte ich mein Bibelwissen und -verständnis erweitern. Viele meiner Freunde in Kenia würden wahrscheinlich nie die Gelegenheit haben, ihre Heimatdörfer zu verlassen, geschweige denn ihr Land. Allein hatten sie keine Möglichkeit, die Schauplätze der Bibel persönlich zu erleben. Aber jemand anderes könnte ihnen die Geschichten bringen. In der ganzen Zeit vor der Reise war ich vor Aufregung ganz aus dem Häuschen!

In den Frühjahrsferien traf sich die Gruppe ausgewählter Schüler in New York und flog dann gemeinsam nach Israel. Wir sahen Dinge, von denen ich mein Leben lang in der Bibel gelesen hatte: den Jordan, die Klagemauer, das Gartengrab. Wir erklommen Masada, eine von Herodes' Festungen, und sprachen über die Zeloten, die dort den Tod wählten, um nicht in römische Sklaverei zu geraten. Jeder Ort war wie eine Lektion und ich hatte das Gefühl, unschätzbare Erfahrungen gemacht zu haben.

Doch theoretisches Lernen war nicht das Einzige auf dieser Reise. Ein Ziel war unter anderem, dass die Schüler praktisch umsetzen sollten, was sie über Gott gelernt hatten. Jeder von uns sollte also irgendwann während der Reise ein Zeugnis geben. Ich war mitten auf dem See Genezareth an der Reihe.

Unser Pastor hatte uns gerade daran erinnert, dass zu Jesus' Zeit auf diesem See ein Sturm aufkam und Jesus mittendrin gelassen über das Wasser ging. Seine Jünger saßen in einem Boot und fürchteten sich, als sie ihn sahen, doch Jesus rief einen von ihnen, Petrus, und lud ihn ein, zu ihm auf die Wellen zu kommen.

Erstaunlicherweise stieg Petrus aus dem Boot und ging auf dem Wasser auf Jesus zu. Doch nach einer Weile bemerkte er den Wind, bekam Angst und begann zu sinken. Jesus half ihm wieder hoch, tadelte ihn dafür, dass er an seinem Glauben gezweifelt hatte, und brachte ihn sicher zurück ins Boot. Da legte sich der Wind und die Jünger beteten Jesus an und erkannten ihn als Sohn Gottes.

Als ich dort in unserem Boot saß und eine Geschichte über Jesus und über Zweifel hörte, hatte ich den starken Eindruck, dass dies ein passender Zeitpunkt für mein Zeugnis war. Ich schaute hinaus auf den großen See und versuchte, mir die beängstigenden Stürme vorzustellen, die auch heute noch auf dem See Genezareth aufkommen können. Ich versuchte mir vorzustellen, wie Jesus auf dem Wasser ging, und fragte mich, ob ich genug Glauben besäße, um zu ihm zu gehen. Ich wusste, dass er mich nicht mehr belasten würde, als ich ertragen kann. Trotzdem war ich mir immer noch nicht sicher, ob ich darauf vertrauen würde, dass er mich über den Wellen hält, wenn mein nächster Sturm aufkommt. Ich hoffte es. Immerhin hatte er sich mehr als treu erwiesen, selbst nach meiner MRKH-Diagnose.

Das war es, was ich im Prinzip den anderen Schülern und Betreuern an jenem Tag auf dem See erzählte. Während unser kleines Boot auf den sanften Wellen auf und ab wippte, erzählte ich ihnen von meiner Krankheit und wie ich zuerst auf die Diagnose reagiert hatte. »In Kenia bin ich aus dem Boot gestiegen und war bereit, Gott zu vertrauen, ganz gleich, wofür er mich einsetzen wollte«, sagte ich. »Doch sobald ich in eine schwere Situation geriet, verlor ich aus den Augen, dass die wichtigste Person ja direkt vor mir stand, und überlegte stattdessen, wie ich die Situation kontrollieren könnte. Als ich das tat, begann ich unterzugehen. Ich schlug wie wild um mich, bis Jesus mich festhielt und mich beruhigte. Dann half er mir, einen Sinn in dem zu sehen, was er tat.«

Es fiel mir schwer, den anderen davon zu erzählen. Es war so persönlich und war und ist immer noch ziemlich schmerzhaft. Aber als ich der Gruppe erzählte, was Gott seit (und aufgrund) meiner Krankheit in meinem Leben getan hatte, fing ich an zu spüren, wie sich mein eigener innerlicher Sturm ein wenig mehr legte als bisher. Ich schaute hinaus aufs Wasser und dankte Gott dafür, wie er mich vor mir selbst und meinen Zweifeln gerettet hatte. In Zukunft wollte ich meinen Blick fester auf ihn gerichtet halten, statt mich vom Wind überwältigen zu lassen.

Es waren noch ein paar Monate bis zu unserer fünften Reise nach Kenia. Noch ahnte ich es nicht, doch vor mir lagen noch mehrere »See-Genezareth-Momente«.

KAPITEL 28

Zerschlagene Träume

Sechs Wochen vor unserer Reise 2014 gab es in Mombasa zwei Explosionen. Am Strand hatte ein Mann seinen Rucksack in den Sand gestellt und war wie zum Schwimmen weggegangen. Kurz darauf explodierte eine selbst gebaute Bombe in der Tasche. Glücklicherweise überlebten alle in der Umgebung der Explosion, doch in der Stadt wurde eine scharfe Handgranate an einem belebten Busbahnhof in eine Gruppe von Reisenden geworfen und drei Menschen starben.

Die ersten Nachrichten deuteten an, dass die Anschläge von militanten islamistischen Extremisten aus dem benachbarten Somalia koordiniert und verübt worden sein könnten. Länder auf der ganzen Welt gaben offizielle Reisewarnungen für Kenia heraus. Hunderte europäische Touristen an der Küste wurden fast sofort evakuiert. Fünf aus unserer Gruppe, die eigentlich an unserer Reise teilnehmen wollten, sagten ab.

Das war eine vollkommen natürliche Reaktion. Wir anderen wären am liebsten auch auf und davon gelaufen. Es wäre völlig verständlich gewesen, nie wieder nach Kenia fliegen zu wollen, nachdem wir einen Eindruck von den potenziellen Gefahren und der weitverbreiteten Korruption bekommen hatten, die dort herrschen. Für viele meiner Bekannten sind die alltäglichen Risiken in Kenia ein

Grund, gar nicht erst über eine Reise dorthin nachzudenken. Und ich kann die Bedenken der Leute verstehen. Ich hatte sie selbst oft genug. Es wäre ignorant und töricht zu meinen, wir könnten völlig risikofrei durch Kenia (oder irgendein anderes Land) reisen. Aus diesem Grund sind unsere »Generation Next«-Gruppen besonders vorsichtig und sorgfältig auf Sicherheit bedacht, während wir uns im Land aufhalten. Wir wissen, dass die Gefahren real sind und dass sie uns wirklich betreffen können. Doch die Probleme in der Region haben uns nie von Kenia fernhalten können. Man könnte sogar sagen, dass diese Probleme ein entscheidender Faktor bei dem sind, was uns immer wieder dorthin zurückzieht.

Wir nahmen Kontakt zu einer Missionarsfamilie in Nairobi auf und fragten nach ihrer Meinung. Sie versicherten uns, dass die Stadt zwar wahrscheinlich weniger sicher sei als Branson, aber keine unmittelbaren Gefahren bekannt wären. Kibwezi war anscheinend nicht von dieser Situation betroffen. Also beschloss unsere Gruppe von sechzehn Amerikanern, wie geplant zu fliegen.

Es gab aber ein Problem. Unser Container mit der Ausstattung für das Waisenhaus sollte zwei Wochen vor unserer Ankunft in Kibwezi eintreffen – tat er aber nicht. Wir telefonierten und mailten herum und fanden heraus, dass er irgendwo im Zoll festhing. »Wie lang wird das dauern?«, fragten wir verschiedene Quellen. »Das lässt sich nicht sagen«, war die Antwort. *Versuchte jemand, Schmiergeld von uns zu bekommen?* Wahrscheinlich.

Wir mailten und telefonierten täglich mit der kenianischen Einreisebehörde und versuchten, den Container in Bewegung zu setzen. Nichts änderte sich. Wir kontaktierten jeden, der uns einfiel und der uns helfen könnte, jemanden zu motivieren, der mit der Sache zu tun hatte. Nichts davon half. Langsam machten wir uns Sorgen. Außer den Wänden, dem Boden, dem Dach und den Menschen war unser gesamtes Waisenhaus in diesem Container, und er rührte sich nicht vom Fleck. Unsere Sorgen wuchsen, besonders, weil wir unsere Reise in zwei Etappen geplant hatten.

Drei Wochen lang wollten wir sechzehn Personen das Waisenhaus fertigstellen und Schulmaterialien verteilen. Nach drei Wochen würden alle außer meiner Mutter, mir, Graham und Grahams jüngerer Schwester Rachel nach Hause fliegen. Wir vier wollten dann noch einen Monat in Kibwezi bleiben und die letzten juristischen Details festzurren. Wenn der Container nicht in den ersten zwei Wochen unserer Reise ankam, mussten wir alles selbst machen, und das hielten wir für unmöglich. Wir beteten intensiv. Wir baten andere um Gebetsunterstützung. Dann beteten wir noch mehr. Als wir nach Kenia abreisten, war unser Container immer noch nicht angekommen.

Nach einer zweitägigen Reise trafen wir nach Sonnenuntergang in Nairobi ein. Wir verbrachten einige Stunden in einem Hotel, um nicht im Dunkeln fahren zu müssen, und verließen die Stadt bei Tagesanbruch. Bevor wir abfuhren, schickte meine Mutter noch einige E-Mails bezüglich unseres Containers. Wir hofften bei unserer Ankunft in Kibwezi auf eine Antwort.

Unser gemieteter Bus brachte uns direkt zum »Namba House«, wo unsere ganze Gruppe während unseres gesamten Aufenthalts wohnen würde und wo meine Mutter, Graham, Rachel und ich für einen weiteren Monat eingemietet waren. Wir legten einen Ruhetag ein, um unsere innere Uhr umzustellen und uns häuslich niederzulassen. Dann begannen vierzehn unserer Teammitglieder, im Haus Spinnweben und Wespennester von den Decken zu entfernen und einige Wände neu zu streichen. Inzwischen kümmerten meine Mutter und ich uns um mögliche neue Arbeitskräfte für das Waisenhaus. Wir hatten im Vorfeld bereits mehrere Termine mit Bewerbern vereinbart, von denen wir die meisten durch das Kambua-Gästehaus und aus der Stadt kannten. Sie alle würden sich nacheinander mit uns im »Namba House« treffen, sodass wir sie näher kennenlernen und sie gleichzeitig ein Gefühl für das Haus bekommen konnten.

Am Nachmittag fanden die ersten Vorstellungsgespräche statt. Wir suchten nach Frauen, die sich das ganze Jahr über um das Haus und die Kinder kümmerten. Da jeder, den wir einstellten, auf dem Gelände leben würde, das noch zu »Namba« gehörte, hatte Robin darum gebeten, an den Vorstellungsgesprächen teilnehmen zu dürfen, und wir hatten zugestimmt.

Meine Mutter und ich hatten für unsere Bewerber eine lange Liste von Fragen vorbereitet, die sich hauptsächlich darum drehten, wer sie waren, wie sie sich um Kinder kümmerten und was ihre Einstellung zu Gott und zum Glauben war. Die ersten beiden Frauen, mit denen wir sprachen, waren beide Christinnen, und als wir die Liste mit ihnen durchgingen, wurde deutlich, dass Robin die Fragen um Gott und den Glauben unangenehm waren. Wir wussten, dass sie nicht gläubig war, doch wir waren etwas überrascht, dass unsere Fragen ein Problem für sie zu sein schienen.

Der nächste Bewerber war ein Mann, der im Lauf des Gesprächs sagte, er sei Muslim. Wir erklärten ihm, dass das Waisenhaus ausdrücklich christlich geführt werden würde, und dass wir leider niemanden einstellen könnten, der nicht wenigstens die Grundlagen unseres christlichen Glaubens teilte. Als wir das sagten, bemerkte ich, dass Robin innerlich kochte.

Meine Mutter und ich standen auf und dankten dem Bewerber für seine Zeit. Robin hingegen sagte kein Wort. Sie nickte dem Mann zu und stand dann steif in der Ecke, offensichtlich kurz vor dem Explodieren. Ich brachte den Mann zur Tür und sorgte dafür, dass er gut durchs Tor kam, und ging dann zurück zu unserem Besprechungsraum. Schon auf halbem Wege konnte ich Robins Stimme hören.

»Ich will nicht, dass so etwas in meinem Gebäude passiert!« Sie sprach ruhig, aber mit Nachdruck, und ihre Empörung war spürbar.

Meine Mutter schaute verwirrt drein. »Was meinst du mit ›so etwas‹?«, fragte sie.

»Ihr habt diesen Mann abgelehnt, weil er Muslim ist.«

»Robin«, erwiderte meine Mutter ruhig, »du weißt, dass wir Christen sind, und du weißt, dass dies der Hauptgrund ist, warum wir überhaupt in Kibwezi sind. Was dachtest du denn, was wir hier für ein Waisenhaus führen wollen?«

»Ich bin total gegen eine solche Diskriminierung, und ich werde sie nicht dulden.«

Hier schaltete ich mich ein. »Aber wir erwarten, dass die Mitarbeiter hier den Kindern von Gott und Jesus erzählen. Das ist ein großer Teil ihrer Aufgabe. Wenn sie nicht wie wir Jesus nachfolgen, wird es ihnen unmöglich sein, von ihm zu reden.«

»Das hat für mich keine Bedeutung«, entgegnete Robin kurz und knapp. »Ich will nicht, dass das noch einmal passiert.« Dann stürmte sie hinaus.

Später am gleichen Abend schrieb ich in mein Tagebuch: »Es wird schon werden. Es muss.« Es war ein riesiger Schiffscontainer voller Möbel und Hilfsgüter auf dem Weg, und »Namba House« war das einzige Gebäude, das wir zur Verfügung hatten. Wir hatten ein Jahr lang darauf hingearbeitet – sicher würde Gott unsere Bemühungen jetzt nicht zum Stillstand bringen. Außerdem war dies doch das Projekt, das mir half, einen Sinn in meiner Krankheit zu sehen – bestimmt würde er doch nicht alle meine Fragen wieder losbrechen lassen. Würde er einfach so unseren Traum von einem Waisenhaus in die Brüche gehen lassen?

Am nächsten Tag führten meine Mutter, Robin und ich noch Gespräche mit einigen Kandidaten für die Stellen im Waisenhaus. Dieses Mal blieben die Fragen, die sich um Gott drehten, völlig entspannt. Als wir uns zwischen den Gesprächen jeweils einige Minuten Zeit nahmen, um die Qualifikationen der Bewerber zu besprechen, äußerte Robin keine Meinung dazu.

Als wir mit den Vorstellungsgesprächen fertig waren, sagte ich zu Robin, dass ich gern noch etwas über die christliche Ausrichtung des Waisenhauses sprechen würde und was das bedeutete.

»Weißt du«, sagte sie, »ich habe beschlossen: Wenn das funktioniert, könnt ihr machen, was ihr wollt. Doch bevor ich die Anträge für ein Waisenhaus hier einreiche, möchte ich sichergehen, dass das, was wir tun, für alle Beteiligten optimal ist. Es muss für mich gut funktionieren, es muss für euch gut funktionieren, es muss gut für ›Planned Parenthood‹[3] funktionieren...« Sie ließ den Satz in der Luft hängen, schaute uns aber vielsagend an.

»›Planned Parenthood‹?«, fragte meine Mutter.

»Ja. Ich will sie auch ins Haus holen. Ich denke, ihre Dienste werden hier dringend gebraucht.«

»Robin«, sagte ich, »›Planned Parenthood‹ macht Abtreibungen.«

»Ja, und kümmert sich um Verhütung. Natürlich wäre Verhütung der Schwerpunkt.«

»*Robin*«, meldete sich nun wieder meine Mutter zu Wort. »Wir können nicht Tür an Tür mit einer Abtreibungsklinik arbeiten.«

»Warum nicht?« Robins Stimme war gleichgültig, aber ihr Blick sagte uns, dass ihre Absichten es nicht waren.

Ich sackte ein wenig in mich zusammen. Plötzlich fühlte ich mich unterlegen. Ich sammelte meine Unterlagen von den Vorstellungs-

---

[3] »Planned Parenthood« ist eine große amerikanische Organisation, die sich einerseits im Bereich Familienplanung einsetzt, aber auch Schwangerschaftsabbrüche durchführt.

gesprächen ein, schüttelte den Kopf und versuchte, gleichmäßig zu atmen.

»Okay«, sagte ich dann. »Wenn du dir ganz sicher bist, dass du das tun willst, steigen wir aus. Dann können wir nicht in ›Namba House‹ arbeiten. Wir wollen in Kibwezi Kinder retten. Wir werden keine Partnerschaft mit jemandem eingehen, für den es in Ordnung ist, sie umzubringen.«

Unser größtes Projekt war erst zwei Tage alt, und schon war es vorbei.

KAPITEL 29
Verteilaktion mit gemischten Gefühlen

Während wir auf das Eintreffen unseres Containers warteten, stellten wir unsere Pläne um. Die Tage, an denen wir »Namba House« in Schuss bringen und das Waisenhaus vorbereiten wollten, verbrachten wir mit anderen Projekten. Das Haus ist so groß, dass immer eine Menge sauber zu machen und zu reparieren ist.

Endlich kam unser Container an. Der Lkw-Fahrer setzte rückwärts aufs Grundstück und stieg aus dem Fahrerhaus. Nachdem er einige große Verriegelungen geöffnet und das hintere Schloss mittels Eisensäge entfernt hatte, öffnete er die Tür und wir machten uns an die Arbeit. Wir wussten noch nicht, was in aller Welt wir jetzt mit all diesen Hilfsgütern anfangen sollten, doch wir konnten sie nicht im Container lassen.

Die Kinderbettchen und Kommoden, die Plüschtiere, die Taschen voller Schulsachen, die unaufgepumpten Fußbälle, die Kisten mit Babykleidung – alles war da. Wir räumten es per Menschenkette ins Haus, und sogar die einheimischen Kinder halfen, Dinge aus dem Lkw zu entladen. Am frühen Nachmittag bestand der Hauptraum im »Namba House« nur noch aus unzähligen Kistenstapeln.

Beim Entladen des Containers

Ich hatte darum gebetet, dass Robin ihre Meinung bezüglich der anderen Mieter im Haus ändern möge. Doch jeden Tag, den unsere Abreise näher rückte, und trotz meiner wiederholten Beteuerungen in meinem Tagebuch, das »es schon werden wird«, musste ich mich mit der Realität auseinandersetzen: Vielleicht würde doch nichts daraus werden.

Eines Abends setzten meine Mutter, Graham und ich uns zusammen, um unsere Optionen zu besprechen. Ich war entmutigt und wütend. Die meisten Schulsachen waren bereits verteilt, und wir hatten immer noch einen ganzen Raum voller Materialien für das Waisenhaus abzuwickeln. Robin hatte keine Verwendung dafür, und sie konnten nicht einfach bleiben, wo sie waren, und den größten Raum im Haus verstopfen. Und so etwas wie Mietlager gibt es in Kibwezi auch nicht. Wir hatten, so weit wir sehen konnten, nur eine Möglichkeit: Wir mussten alles loswerden. Die Frage war nur, wie.

Wir beschlossen, Erstausstattungen zusammenzustellen und an Frauen zu verteilen, die gerade im Krankenhaus entbunden hatten. Da diese frischgebackenen Mütter normalerweise nicht länger als einen Tag nach der Geburt im Krankenhaus blieben, konnten wir jeden Tag die Runde drehen und unsere Pakete – Kleidung, Babybadewannen und anderes – an neue Frauen ausgeben. So konnten wir uns der kleineren Dinge entledigen, die wir mitgebracht hatten. Wegen der größeren Gegenstände wie Bettchen und Kommoden berieten wir uns mit einem Pastor vor Ort, der die Nachbarschaft kannte und uns eine Liste mit Familien gab, die die Möbel gebrauchen konnten.

Damit war es abgemacht. Am nächsten Morgen gingen wir die Kisten durch und packten Erstausstattungen für Jungen und Mädchen zusammen, die wir den jungen Müttern in den nahe gelegenen Krankenhäusern bringen wollten. Als ich einen Stapel Strampler für Jungen in verschiedenen Größen zusammenpackte, in dem Wissen, dass ein bedürftiges Kind in Kibwezi in sie hineinwachsen würde, konnte ich mich darüber nur freuen. Doch gleichzeitig dachte ich, dass sie nie von einem kleinen Jungen in unserem Waisenhaus getragen werden würden, und das machte mich tieftraurig.

Die Verteilaktion verlief mit ähnlich gemischten Gefühlen. Freude und Trauer gingen ineinander über. Mit jeder Erstausstattung, die wir verteilten, war mir schmerzlich bewusst, dass unser Plan für das Waisenhaus ein wenig mehr gestorben war. Gleichzeitig war es so, als gäbe es jeden Tag mehrere kleine Babypartys, und darüber konnte ich nicht traurig sein!

Drei Wochen unserer Reise waren vergangen, und nur meine Mutter, Graham, Rachel und ich waren noch in dem Apartment in der ersten Etage. Alle anderen waren fort und die Hilfsgüter aus dem Container waren verteilt. Es war trostlos, viel zu still und zu viel leerer Raum für uns und unsere Sorgen.

Jetzt, da »Namba House« als Standort nicht mehr infrage kam, schauten wir uns in der Gegend nach Immobilien um. Irgendwann brauchten wir ein Haus, und das bedeutete, dass wir entweder ein vorhandenes Gebäude kaufen oder Land kaufen und eines bauen mussten. In Kibwezi sind fast keine Häuser auf dem Markt, und von den wenigen vorhandenen wollten wir keins kaufen. Alle Gebäude, die groß genug waren, waren Firmen und damit nicht geeignet für ein häusliches Leben. Es wären erhebliche Umbauarbeiten notwendig gewesen, um solch ein Gebäude auch nur annähernd nutzbar zu machen.

So blieb uns nur übrig, selbst zu bauen. Doch allein der Gedanke, von null anzufangen, alle nötigen Genehmigungen einzuholen und alle Hürden eines Neubaus zu überwinden, überforderte uns. Es würde ewig dauern und man würde von allen Seiten Schmiergelder von uns haben wollen. Vor Kurzem, bei einer Fahrt nach Nairobi, wurden wir auf einer Strecke von etwa fünf Kilometern zweimal von Polizisten angehalten. Beide Male war der Grund, dass wir »zu viele Personen auf dem Rücksitz« hatten, was stimmte. Doch ein Blick verriet uns, dass die *meisten* Autos auf der Straße an jenem Tag zu viele Personen auf dem Rücksitz hatten. Der einzige Unterschied zwischen ihnen und uns bestand darin, dass unsere überzähligen Personen weiß waren.

»Stell dir nur einmal vor«, sagte ich zu meiner Mutter, »wie wir an Land und Baumaterial kommen sollen und dann so lange Bauarbeiter bezahlen müssen, bis das ganze Waisenhaus fertig ist!«

»Und wie oft man versuchen würde, noch mehr Geld aus uns herauszuholen«, ergänzte meine Mutter. »Wie viel mehr würde uns das kosten? Und wie viel länger würden wir warten müssen?«

Wir überlegten und überlegten, aber wir kamen nicht weiter. Was als Frust und Verwirrung begonnen hatte, wandelte sich bald in Verbitterung. An manchen Tagen waren wir schier hoffnungslos. Wir beteten, dass Gott für uns sorgen möge, doch am Ende eines jeden Tages waren unsere Hände immer noch leer.

Eines Morgens, als wir noch etwas mehr als einen Monat in Kibwezi vor uns hatten, fanden wir beim Aufwachen wie immer eine E-Mail von meinem Vater vor. Wir rechneten damit, beim Öffnen seine ermutigenden, positiven, weisen Worte zu lesen, wie wir es von ihm gewöhnt waren. Stattdessen fanden wir etwas, das besser zu der Situation passte, mit der wir es zu tun hatten:

Tracy und Riley,
ich habe eure Flüge umgebucht – ich hoffe, ihr habt nichts dagegen. Eure neuen Flugverbindungen habe ich angehängt.
Ich glaube, es ist an der Zeit, dass ihr nach Hause kommt.
Hab euch lieb.

Er hatte recht; das war uns beiden sofort klar. Wir öffneten unsere neuen Flugverbindungen und sahen, dass wir nur noch eine Woche in Kenia hatten. Wir organisierten eine Fahrt zum Flughafen. Wir verabschiedeten uns bis zum nächsten Jahr von unseren Freunden. Wir packten unsere Koffer.

Am Morgen unserer Abreise holte unser Freund Silas uns mit einem Auto und einem Fahrer ab und wir packten alles ein. Im Wegfahren schaute ich zurück auf das Gebäude, das wir mit Kindern hatten füllen wollen, und war traurig, dass es fast leer dastand. Ich wusste nicht, was ich davon halten sollte. Wir waren dieses Jahr mit der Erwartung hierhergekommen, Kenia zu meiner neuen Heimat zu machen. Alles sollte sich endlich wieder »richtig« anfühlen. Der Sturm, der mit der MRKH-Diagnose losgebrochen war, sollte sich endlich ein wenig legen. Stattdessen brodelte alles wieder hoch, vielleicht mehr als zuvor, und nun wollte ich nur noch weg.

In den folgenden Wochen dachte ich viel über das Auf und Ab nach, das ich in Kenia und daheim erlebt hatte. Ich musste mir eingestehen, dass Jesus nachzufolgen manchmal bedeutet, Wege zu gehen, die scheinbar zu nichts Gutem führen. Manchmal gibt es nur eine Haarnadelkurve nach der anderen. Manchmal können wir nur die Schlaglöcher vor uns sehen und müssen damit rechnen, dass wir irgendwo liegen bleiben.

Eine ganze Weile versuchte unsere »Generation Next«-Kerngruppe herauszufinden, was wir falsch gemacht hatten. Welche Warnzeichen hatten wir übersehen? Hätten wir die Anlieferung des Containers stornieren sollen? Waren wir zu unüberlegt auf Robins unerwartetes Angebot eingegangen? War es töricht, zu versuchen, ein internationales Waisenhaus zu gründen? Hätten wir von Anfang an langsamer vorgehen sollen? Hätten wir zuerst mehr Recherchen anstellen müssen? Sollten wir die ganze Idee noch einmal überdenken und vielleicht meinen Plan, langfristig in Kenia zu leben, über den Haufen werfen?

Das alles waren Fragen, die es wert waren, gründlich überlegt zu werden. Wir mussten sie ernsthaft abwägen. Doch wir hätten, glaube ich, das Wesentliche nicht begriffen, wenn wir uns nur auf sie konzentriert hätten. Ich glaube, es war eine Erinnerung Gottes für uns, dass Jesus, selbst wenn ihm zu folgen uns in Stürme führt, das Auge in jedem Sturm ist. Manchmal fordert er uns trotzdem auf, uns aufs Wasser zu wagen, mitten in der pechrabenschwarzen Nacht und in tobenden Sturmböen. Manchmal lässt er uns spüren, wie wir sinken und fast untergehen. Doch jeder Sturm, der uns dazu bringt, auf Jesus zu sehen und nach ihm zu rufen, ist etwas Gutes. In unserer Gruppe erinnerten wir einander daran, dass unsere Hoffnung und

Stärke allein aus Gottes Gegenwart kommen würde, und das war Grund genug, ihn zu loben.

Am Ende entschieden wir, dass ein Waisenhaus ein zu ehrgeiziger Ausgangspunkt war. Wir würden stattdessen mit Pflegekindern beginnen, oder vielleicht mit einem Gemeinschaftszentrum, in dem wir für die Dorfbewohner an einigen Tagen pro Woche Nähkurse und Mahlzeiten anbieten würden. Wir würden Land kaufen und darauf bauen, und das würde eine Weile dauern. Aber wir mussten nicht alle Fragen sofort beantworten. Wir waren bereit zu warten, bis sich die Dinge ergaben.

Inzwischen würden wir den Immobilienmarkt in Kibwezi beobachten, und wir konnten weiterhin jeden Sommer dort verbringen und tun, was wir inzwischen am besten konnten. Wir würden eine Gruppe von Mitarbeitern organisieren und Tausende Schulartikel sammeln. Wir würden jede Menge Hygienesets zusammenstellen. Wir würden Perlen auf Ketten fädeln, die Gottes Heilsgeschichte erzählen. Das war unser Plan – zumindest, bis Robin anrief.

Sie holte wieder meine Eltern und mich zusammen ans Telefon und teilte uns mit, dass sie es sich noch einmal überlegt hatte. Sie erklärte, sie habe die gesamte Situation in den letzten Monaten gründlich überdacht und beschlossen, dass sie sich mit zunehmendem Alter immer weniger in der Lage fühle, »Namba« komplett allein zu leiten. Insbesondere wolle sie bald die Immobilie in Kibwezi verkaufen. Wenn wir an einem Kauf interessiert wären und alles dafür in die Wege leiten könnten, könnten wir das »Namba House« bekommen.

Wir waren platt. So einfach konnten sich unsere Pläne um 180 Grad drehen! Natürlich war dies im Moment nur ein *möglicher* Plan, denn wir waren fest entschlossen, nicht den zweiten Schritt vor dem ersten zu tun. Doch als wir darüber nachdachten, schien die Idee immer besser zu werden. In dem Apartment in der oberen Etage konnten wir auf jeden Fall im »Namba House« wohnen. Es war groß genug, um einige Pflegekinder aufzunehmen *und* ein Gemeinschaftszentrum einzurichten. Solarstrom, Garten und Teiche würden dazu beitragen, es wirtschaftlich unabhängig zu machen. Und als wir im letzten Sommer unsere Pläne hatten ändern müssen, hatten wir das Haus bereits von oben bis unten geputzt und frisch gestrichen. Ganz zu schweigen davon, dass wir, da es ein fertiges Gebäude war, weder auf den Bau noch auf das Land warten mussten. Wenn alles klappte, konnten wir bald loslegen!

Ich versuchte wirklich, mir nicht zu große Hoffnungen zu machen. Es überraschte mich, dass Robin uns so bald nach unserer Meinungsverschiedenheit ein solches Angebot machte. Doch Gott ist treu und immer gegenwärtig. Obwohl Robin von sich behauptet, nicht gläubig zu sein, arbeitete Gott wohl doch durch unsere Beziehung stetig an ihrem Herzen. Sie wusste, dass wir nur gute Absichten für das »Namba House« hatten, aber vielleicht befürchtete sie, dass es schwierig werden könnte, mit Christen zusammenzuarbeiten. Religion kann etwas Einschüchterndes sein, besonders, wenn man nicht die gleichen Meinungen und Perspektiven teilt. Doch vielleicht sah Robin, dass unser Hauptziel war, einfach treu Jesus nachzufolgen, und erkannte, dass wir uns nicht auf einen Machtkampf um die »richtige« Religion einlassen würden.

Ich diene einem wunderbaren Gott, der mich immer wieder überrascht. Er ist uns immer einen Schritt voraus. Er wusste, wie die Situation mit Robin sich entwickeln würde, und es gehörte zu seinem Plan. Als wir einen Schritt zurücktraten und unsere Ziele in Kenia überdachten, statt uns auf einen speziellen Aspekt zu konzentrieren, offenbarte Gott seinen Plan zur perfekten Zeit, wie immer. Ich kann nur lächeln und sagen: »Da hast du mich wieder mal erwischt!«

KAPITEL 30

Wurzeln für die Zukunft

Ein neuer Sommer kam, und »Generation Next« kehrte nach Kibwezi zurück. Zum allerersten Mal kamen auch meine Brüder mit, und wir fünf bildeten über ein Drittel unseres zwölfköpfigen Teams. Wir wohnten im Kambua-Gästehaus, wo vor Kurzem erfolgte Bauarbeiten eine Menge Skorpione aufgescheucht hatten. Wir mussten ihnen ständig aus dem Weg gehen!

Ich konnte es kaum erwarten, meinen Brüdern alles zu zeigen, was mir so lieb geworden war. Kurz nach unserer Ankunft machten wir mit der ganzen Familie die Runde – und ich lächelte dabei über das ganze Gesicht.

Die Tilapia-Teiche beim »Namba House« waren erweitert worden, der Garten hatte einen weiteren Jahreszyklus durchlaufen, und überall wuchsen Bananen – sogar auf dem Hühnerhof!

Für »Pamoja« wurde gerade ein neues Klassenzimmer gebaut, ein Anbau an einem Ende des bereits bestehenden Raumes. Ja, unsere Schule lief so gut, dass sie bereit war, eine weitere Gruppe Kinder aufzunehmen! Die erste »Pamoja«-Klasse war zwei Jahre älter als bei unserem ersten Treffen und entwickelte sich zu guten Schülern. Weil sie jeden Tag Schulessen bekamen, waren sie auch größer und wirkten gesünder.

Eunice und John stellten uns ihr jüngstes Kind vor, ihren dritten Sohn. Eunice trägt ihn beim Unterrichten in »Pamoja« auf dem Rücken. Er ist wohl das niedlichste »Lehrmittel« überhaupt.

Mumo, der immer kurz rasierte Haare hatte, trug jetzt fünf Zentimeter lange Dreadlocks. Wenn er stolz von seinem eigenen Geschäft erzählt, in dem er SIM-Karten und Mobiltelefone verkauft, klingt er wie Kibwezis Unternehmer des Jahres! Und er hilft »Generation Next« engagiert, wann immer er kann.

Als wir Barbara wiedersahen, freute ich mich riesig. Sie hatte die Oberschule abgeschlossen und plante, jetzt die Welt selbst zu entdecken. Sie hatte sich für einen Studienplatz in den USA beworben – ausgerechnet in Branson, Missouri! Ihre Ergebnisse beim erforderlichen internationalen Eignungstest waren gut, und sie wollte ihr Studium im Herbst beginnen. Sie witzelte bereits herum, dass sie gern einen amerikanischen Ehemann hätte. Ich wusste, dass ihr Vater Burgwin uns wieder helfen würde, unsere Logistik in Kibwezi zu organisieren oder Kontakt zu Schulen aufzunehmen, die wir besuchen wollten.

Der Kauf von »Namba House« fand im Januar 2016 statt, und wir haben bereits einige Umbauten am Gebäude vorgenommen. Weitere Renovierungsarbeiten sollen nach und nach folgen. Außerdem verteilen wir weiterhin Schulmaterialien und Hygienesets. Wir besuchen Kinder in Kranken- und Waisenhäusern und geben Gottes Liebe sichtbar weiter – stückweise, in Form von Bonbons oder Lutschern. Überall, wo wir hinkommen, wollen wir weiterhin von der Zukunft dieses Landes träumen, das wir so lieb gewonnen haben. Mit jeder Reise werden wir mit aller Energie versuchen, mehr Arbeit zu bewältigen als zuvor – mehr in der Menge, aber auch mehr in der Breite.

Ich glaube, von Anfang an haben wir die ganze Arbeit auf uns genommen, weil wir gar nicht anders konnten. Wenn *wir* nicht die

Schulmaterialien gesammelt hätten, wie viele Kinder hätten dann ohne sie auskommen müssen? Wenn *wir* nicht die Schule fertig gebaut hätten, wer hätte es dann getan? Wenn *wir* uns nicht um die Hygieneartikel gekümmert hätten, wie viele Schülerinnen hätten sich dann prostituieren müssen? Wenn *wir* nicht in der Ambulanz geholfen hätten, unter welchen finanziellen Nöten hätten dann die einheimischen Familien gelitten? Und wenn *wir* kein Waisenhaus gründen würden, wohin würden die Waisenkinder in Kibwezi dann gehen?

Es ist nicht unbedingt schlecht, so zu denken. Aber es ist auch nicht unbedingt nur gut. Man darf nicht aus den Augen verlieren, wer wirklich die Fäden in der Hand hält. Man darf nicht denken, dass man alles schaffen muss – und das kann natürlich kein Teenager und auch keine gemeinnützige Organisation.

Nach Veranstaltungen, bei denen ich von »Generation Next« berichtet habe, sprach ich oft mit Menschen, die gern mithelfen wollten. Das ist eines meiner liebsten Gesprächsthemen, und ich höre liebend gern davon, wie Gott Menschen dazu bringt, anderen etwas zu geben. Ich kann Ihnen gar nicht sagen, wie oft ich jemanden getroffen habe, der beispielsweise sagte: »Ich könnte in Kenia Schulsachen verteilen!« oder: »Ich könnte Hygieneartikel sammeln und Sets packen.«

Ich bezweifle gar nicht, dass diese Personen das könnten, und vielleicht auch besser als »Generation Next«. Aber die Frage, die ich ihnen immer stelle, hat nichts mit dem *Können* zu tun, sondern mit der *Berufung*. Gott führt nicht jeden in die medizinische Missionsarbeit, obwohl sie für viele Menschen in Ländern auf der ganzen Welt überlebenswichtig ist. Und Gott beruft auch nicht jeden als Vollzeit-Evangelisten, obwohl dafür ebenfalls großer Bedarf besteht. Nein, er beruft manche Menschen in Initiativen für Mikrokredite und andere zum Sprachenlernen und Bibelübersetzen. Und manchmal legt er seinen Nachfolgern Schultaschen und Damenbinden ans Herz.

Wenn ich in den Jahren meiner Arbeit in Kenia etwas gelernt habe, dann das: Man kann etwas tun, weil es möglich ist, und man kann etwas tun, weil man es nicht *nicht* tun kann. Dazwischen liegt ein riesiger Unterschied. Wir haben uns für die Arbeit in der »Namba«-Ambulanz gemeldet, weil es eine Gelegenheit war, die sich uns bot, und damals großer Bedarf bestand. Es war eine gute Sache, und wir dachten, wir sollten uns dort ruhig einbringen. Die Schulsachen und Hygienesets hingegen waren Dinge, die wir nicht *nicht* tun konnten.

Wenn man dient, nur weil man *kann*, ist diese Arbeit nützlich und gut. Doch man bleibt nur dabei, solange es bequem ist. Wenn man hingegen dient, weil man sich *berufen* fühlt, wird man notfalls Himmel und Erde in Bewegung setzen, um es durchzuziehen.

Das beste Team überhaupt! Von links nach rechts:
Cameron Banks, Graham Snyder, ich, Jacob Banks, Lucas Banks, Tracy Banks. Vor dem Keeter-Zentrum auf dem Campus des »College of the Ozarks«.

Den Rest unserer Reise verbrachten wir zwölf damit, eine Ferienbibelschule durchzuführen und Schulmaterialien und Hygienesets zu verteilen. Bevor wir nach Hause flogen, nahmen wir uns Zeit, zusammen einige Bäume zu pflanzen. Dies wird allmählich zu einer Tradition in ganz Kenia und ist Teil eines Programms, das die Vegetation ersetzen soll, die in der letzten Dürreperiode verloren gegangen ist. Mein Pflanzpartner war Graham. Es war seine vierte Reise nach Kibwezi, und so hatten er und ich beide schon lange hier Wurzeln geschlagen.

Zu diesem Zeitpunkt wusste ich noch nicht, dass er einige Monate später an einem Flussufer in Branson vor mir knien und mir mit dem Trauring meiner Großmutter einen Heiratsantrag machen würde. Das folgende Jahr sollten wir mit intensiven Hochzeitsplanungen verbringen und uns darauf freuen, den Rest unseres Lebens miteinander zu teilen.

Bei unserer nächsten Reise nach Kenia werden wir an dem Gemeinschaftszentrum arbeiten, das wir gekauft haben, und eine traditionelle kenianische Hochzeit mit unserer kenianischen Familie feiern. Wenn Graham mit dem Studium fertig sein wird, werden wir ins »Namba House«, unser zukünftiges Zuhause, umziehen. Wir können es kaum erwarten, bei den Menschen in Kibwezi zu leben und ihnen zu dienen – umgeben von Kinderlärm!

Dank

Von Riley

Ein besonderes Dankeschön geht an euch, Dad und Mom, dafür, dass ihr meine Träume nie für zu groß gehalten habt. Danke, dass ihr den Wunsch in eure Kinder gelegt habt, hart zu arbeiten und nie aufzugeben. Unser Glaube und die Familie sind das Wichtigste, was wir haben. Jacob und Cameron, meine wunderbaren Brüder: Danke, dass ihr eure Zeit und Wochenenden geopfert habt, ganz zu schweigen davon, dass ihr uns immer geholfen und mit uns herumgereist seid. Ich habe euch alle sehr lieb!

Graham, ich kann dir gar nicht genug danken, dass du mich meiner Berufung hast folgen lassen und nie von meiner Seite gewichen bist. Wir haben zusammen Dinge bewältigt, die wir nie erwartet hätten. Ich bin dankbar für dein gütiges Herz und deine Liebe zu Jesus. Als ich dir sagte, dass bei mir MRKH festgestellt wurde, war deine Antwort: »Ich bin hier und habe nicht vor wegzugehen, Riley.« Wir lächelten, und mehr war nicht zu sagen. Danke, dass du mich so liebst, wie ich bin!

Brett, danke für deine Freundschaft, deine Anleitung und dafür, dass du an mich geglaubt hast. Ich muss immer noch lachen, wenn ich daran denke, wie Gott unser Zusammentreffen arrangiert hat und wie du mein »Agent« wurdest. (Du bist doch mein Agent, oder?) Ich schätze dein Vertrauen und deine Beratung und bin dankbar für dich!

Lisa, danke, dass du so eine gute Zuhörerin bist! Du meine Güte, ich habe dir stundenlang meine Geschichten erzählt – Geschichten aus sechs Jahren, um genau zu sein. Sicher waren viele nicht in der richtigen Reihenfolge und nicht besonders logisch, aber du hast immer weiter zugehört und Fragen gestellt, bis wir alles zusammengebastelt hatten. Ich kann dir gar nicht genug für all die Stunden danken, die du in dieses Buch investiert hast. Danke! Danke! Ich habe das Gefühl, gar nicht genug Danke sagen zu können. Ich könnte ein ganzes Buch mit Dankeschöns schreiben, aber ich fürchte, ich habe meine Wortration bereits aufgebraucht. Die Menschen in meinem Leben, die von der Berufung überzeugt sind, die Gott mir gegeben hat, sind ein beständiger Segen für mich. Nicht nur, dass sie an mich glauben, sondern sie ermutigen mich und sind immer bereit, mir von jetzt auf gleich zu helfen. Ein großer Dank gilt auch allen, die dieses Buch zur Hand genommen und gelesen haben. Danke, liebe Freunde und Verwandte, die ihr stets an meiner Seite wart und bereitwillig Schulsachen sortiert oder ehrenamtlich im Geschäft aushelft, wenn ihr in Branson seid oder wenn wir euch um ein wenig zusätzliche Hilfe bitten. Danke an alle, die in unseren Secondhandladen kommen und mir sagen, was für eine wunderbare Sache wir da tun. Ich bin täglich so dankbar für diese Ermutigung. Danke auch all den vielen Gemeinden, die uns immer unterstützen, nicht nur finanziell, sondern auch im Gebet.

Von Lisa

Für mich begann dieses Projekt mit einem Besuch in der Notaufnahme mit einem Kind, endete mit einem Besuch in der Notaufnahme mit dem anderen, und dazwischen lag ein Umzug quer durchs Land (ganz zu schweigen von zwei gebrochenen Knochen). Das könnte möglicherweise meinen Geisteszustand während der Arbeit an diesem Buch erklären. Ich war noch nie so ratlos, wie ich ein Projekt fertigstellen sollte, und noch nie so dankbar für die Freundlichkeit von anderen Menschen mitten in alledem.

Riley, bei jedem unserer Gespräche und während jeder Phase in der Entstehung dieses Buchs warst du großzügig und gütig, geduldig, kühn und mutig. Dein beharrlicher Glaube ist verblüffend und war eine persönliche Inspiration für mich. Es ist ein Vorrecht, dazu beizutragen, dich und Gott, dem wir dienen, Lesern nahezubringen.

Carolyn, du hast mehr Geduld und Milde bewiesen, als ein Lektor es muss. Hätte ich gewusst, welchen persönlichen Schiffbruch ich während der Arbeit an diesem Manuskript erleiden sollte, hätte ich es bestimmt nicht gewagt, das Projekt überhaupt zu übernehmen.

Greg, du bist so fabelhaft wie immer. Ich hatte keine Ahnung, wie sehr ich einen Agenten wie dich brauchte, als ich vor Jahren mein erstes Manuskript einreichte. Deine Art, Sachlichkeit und Fürsprache miteinander zu verbinden, ist fantastisch. Es könnte beruflich gar keinen besseren Partner für mich geben.

Hannah und Kelly, danke, dass ihr mein Haus geputzt und alles in Plastiktüten verpackt habt, damit ich selbst während unseres großen Umzugs schreiben konnte – es gibt keine bessere Freundin als die, die bereit ist, eine Krimskrams-Schublade aufzuräumen. Krista, Stacy, Chloe und Trisha, danke, dass ihr die Freundinnen und Babysitter seid, die meine Kinder und ich immer gern sehen. Matt, danke, dass du Chloe morgens so oft gefahren hast. Dennis und Denise, Chuckie und John, John und Leizl, danke, dass ihr uns während des Umzugs habt bei euch übernachten lassen, und danke, dass ihr nicht sauer wart, wenn ich mich immer wieder zur Arbeit davongeschlichen habe. Liebe Eltern und Schwiegereltern, danke für all eure Ermutigungen und besonders für eure Besuche, die uns eine Freude waren und eine unglaubliche Erleichterung bedeuteten.

Celia und Benson, ihr seid noch zu klein, um zu verstehen, wie viel es mir bedeutet, dass ihr so unendlich geduldig und lieb gewesen seid. Los, gehen wir Eis essen.

Nathan, bei diesem Projekt musstest du viel mehr wegstecken, als wir beide vermutet hätten. Danke, dass du mein Haushälter, Assistent, Koch, Waschmaschinenbediener und Therapeut warst – zusätzlich zu all deinen üblichen beeindruckenden Leistungen. Du bist der Beste, den sich eine Frau wünschen kann, keine Frage!

Ein Freund sagte mir einmal: »Gottes Treue in der Vergangenheit sagt seine Treue in der Zukunft voraus.« Es gab viele Situationen, in denen ich nicht verstehen konnte, was Gott sich dabei gedacht hat, mir dieses Projekt zu geben. Ich hatte das Gefühl, zu unzulänglich und zu chaotisch zu sein, um überhaupt damit anzufangen. Doch ein fertiges Manuskript ist wieder einmal der Beweis dafür, dass Gott mir erstaunlich treu ist.

Jim Bradford, Andy Hardin

Für immer beste Freunde
Der blinde Junge, der mir die Welt erklärte

Gebunden, 13,5 x 21,5 cm, 264 S.,
inkl. 8-seitigem Bildteil
Nr. 395.781, ISBN 978-3-7751-5781-0

Jim Bradford begegnet eines Tages dem Jungen HK, der trotz mehrfacher Behinderungen und einem Leben voller Hindernisse voller Neugier ist auf das Leben. Er wird zu HKs Freund und Mentor und zeigt ihm die Welt. Und HK erklärt sie ihm und lehrt ihn das Staunen.

Stephan Maag, Daniel Gerber

Ungezähmt für Jesus
Mein wildes, freies Leben

Klappenbroschur, 14 x 21,5 cm,
272 S., inkl. 16-seitigem Bildteil
Nr. 395.762, ISBN 978-3-7751-5762-9

Erfahrungen mit Drogen und Kriminalität prägten das Leben von Stephan Maag – dann folgt er dem Ruf Gottes. Er predigt das Kreuz mit verrückten Aktionen, lebt mit Obdachlosen und reist zu verfolgten Christen. Dabei begegnen ihm immer wieder Wunder. Ein mutmachendes Buch!

Bitte fragen Sie in Ihrer Buchhandlung nach diesen Büchern!
Oder schreiben Sie an SCM Verlag, D-71087 Holzgeringen;
E-Mail:, info@scm-verlag.de; www.scm-haenssler.de

TEENSMAG
TRENDS · GLAUBE · ACTION · TIEFGANG

Das Magazin für Teens mit der Sehnsucht nach mehr! Denn TEENSMAG kreist um Themen, die Teenager bewegen: Von Freundschaft und Feiern über Schule und Selbstzweifel bis zu Zoff und Zukunft. Und als Fixstern immer mittendrin: unser großer Gott – denn ohne Orientierung geht's nicht.

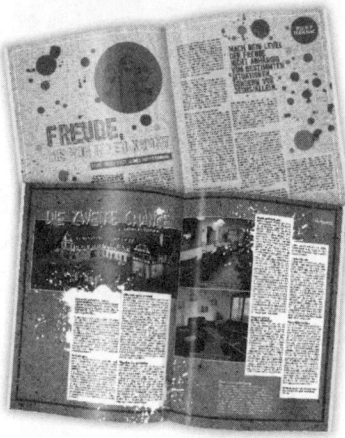

Ein Abonnement (6 Ausgaben im Jahr) erhalten Sie in Ihrer Buchhandlung oder unter:

www.bundes-verlag.net

Deutschland:
Tel.: 02302 93093-910
Fax: 02302 93093-689

Schweiz:
Tel.: 043 288 80-10
Fax: 043 288 80-11

www.teensmag.net

SCM
Bundes-Verlag